Die Kölner Kirchen

Der Dom. Die Ostseite der Türme, 1889

Die Kölner Kirchen

Photographiert um 1900

Herausgegeben von Richard Schneider

in Verbindung mit dem Brandenburgischen
Landesamt für Denkmalpflege und
Archäologischen Landesmuseum

nicolai

Der Dom. Ansicht von Nordwesten mit dem Turmpaar, 1889

Der Dom. Die Portale der nördlichen Querhausfassade, 1889

Der Dom. Blick in das nördliche Querhaus von Südosten, 1889

Der Dom. Blick aus dem nördlichen Querhaus in das Langhaus, 1900

Der Dom. Blick auf die Westfassade, 1889

Der Dom. Die Portale der Westfassade, 1889

Der Dom. Blick in das Mittelschiff vom Chor aus, 1889

Der Dom. Südturm und Strebewerk von Südosten, 1889

Der Dom. Vierung mit Chor und südlichem Querhaus, 1900

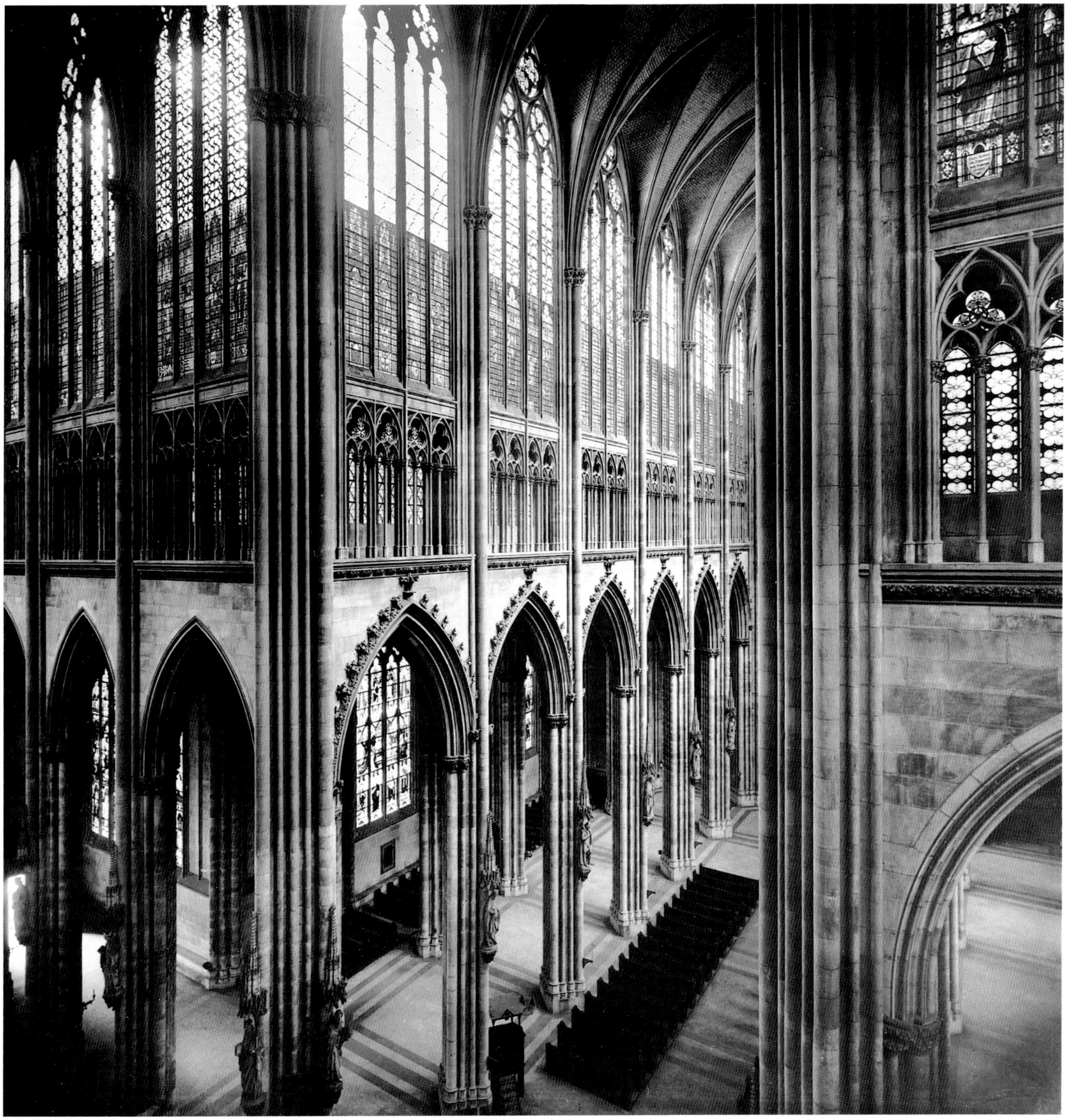

Der Dom. Blick in das Langhaus nach Westen, 1889

Der Dom. Blick in das südliche Querhaus, 1889

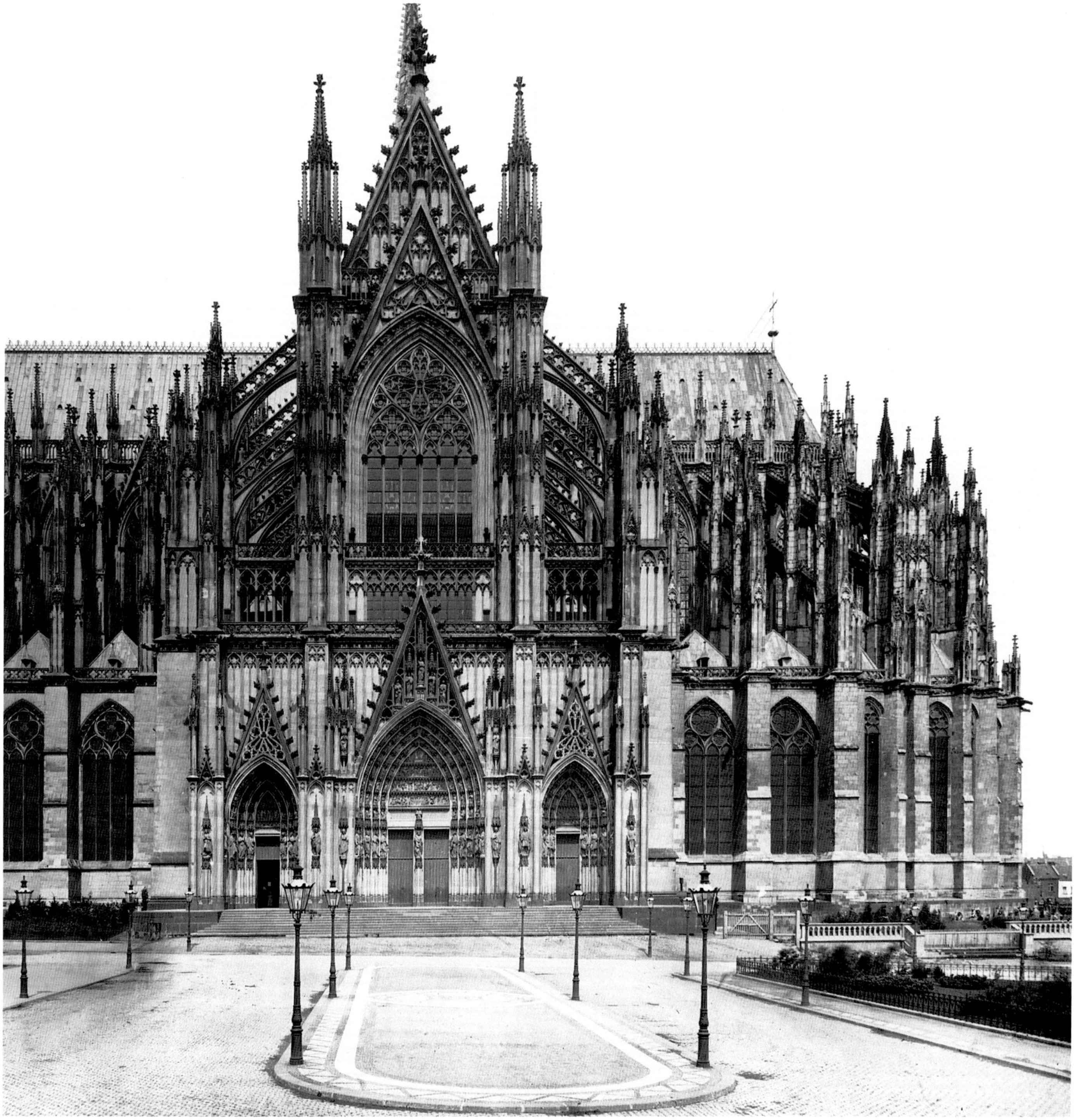

Der Dom. Ansicht der südlichen Querhausfassade, 1889

Der Dom. Strebewerk über den südlichen Seitenschiffen, 1889

Der Dom. Langhaus und westliches Portal der Südfassade, 1889

Der Dom. Blick in das Gewölbe des Hochchores, 1889

Der Dom. Blick durch das Langhaus zum Chor, 1889

Der Dom. Blick in den Hochchor nach Süden, 1889

Der Dom. Blick in den Hochchor nach Südosten, 1889

Der Dom. Ansicht des Bauwerks von Nordosten, 1889

Der Dom. Blick aus dem Chorumgang nach Westen, 1889

Der Dom. Ostansicht mit Querhaus und Westtürmen, 1889

Der Dom. Fialen und Kreuzblumen des Strebewerks, 1889

GROSS ST. MARTIN

Das Rheinpanorama von Köln ist nicht vorstellbar ohne den mächtigen Turm von Groß St. Martin. Der Turm ist deshalb so wichtig, weil die Stadtsilhouette mit den hohen Domtürmen so einen Ausgleich und einen Gegenakzent erfährt. Und bis zur Vollendung des Dombaus im Jahre 1880 war die Martinskirche das eigentliche Wahrzeichen der Stadt.

Die Gründung des Chorherrenstifts St. Martin geht auf Erzbischof Bruno zurück, der auch mit dem Bau der dreischiffigen Pfeilerbasilika begann. Bruno (953–965) stattete das Stift mit den Reliquien des hl. Eliphius aus, die er aus der ostfränkischen Stadt Toul nach Köln überführen ließ. Eine heute über dem südlichen Nebenaltar aufgestellte, aus dem 12. Jahrhundert stammende farbige Holzfigur zeigt den Heiligen gekleidet in priesterliche Gewänder. Eliphius greift mit beiden Händen an sein Haupt, um die durch einen Schwerthieb abgetrennte Schädelkalotte festzuhalten. Nach der Überlieferung erlitt Eliphius das Martyrium im 4. Jahrhundert in Köln.

Der eigentliche Kirchenpatron, Martin von Tours, war Zeitgenosse des Diakons Eliphius. Martin, Ritter einer römischen Reiterabteilung in Gallien, begegnet noch vor seiner Taufe einem nackten Bettler, dem er die mit dem Schwert geteilte Mantelhälfte schenkt. So erzählt es die Legende. Im Jahre 360 wird Martin nach Poitiers berufen und gründet, inzwischen zum Bischof gewählt, ein Kloster in Tours, wo er 397 stirbt. Auf den populären Schutzherrn der Franken gehen die zahlreichen Martinskirchen in ganz Deutschland zurück.

Errichtet wurde die Kölner Kirche außerhalb der römischen Stadtmauer auf einer vorgelagerten Insel, gebildet durch den Rhein und einen schmalen Nebenarm. Im 2. Jahrhundert waren hier auf dem durch Ablagerungen erhöhten Gelände vier große Lagerhallen erbaut worden. Diese *horrea* hatten bei unterschiedlicher Länge eine Breite von jeweils 22 Metern. Über der südöstlichen Halle, bis in die südwestliche hineinreichend, wurde die Martinskirche erbaut, wobei Nord- und Südwand genau in der Flucht der römischen Lagerhallen liegen, deren durch zwei Pfeilerreihen getrennten Schiffe der christlichen Kirche ihr Maß gaben.

Das von Bruno begründete Stift wurde schon um 990 in ein Kloster umgewandelt, dessen Gebäude nördlich der Kirche entstanden. Waren es zunächst Benediktinermönche aus Gladbach und dann iro-schottische Mönche, die sich hier niederließen, so übernahm das Kloster Anfang des 12. Jahrhunderts die von der Abtei Siegburg ausgehende Ordensreform. Erzbischof Anno II. (1056–1075) hatte dieses Kloster auf dem Siegburger Michaelsberg gegründet, derselbe Anno, dem – wie die *Vita Annonis* berichtet – in einem Traum mahnend der hl. Eliphius erschienen war. Dadurch sah sich Anno veranlasst, neben dem Chor der Martinskirche zwei Türme errichten zu lassen.

Der Bau der heutigen Kirche begann um 1150 und war um 1250 beendet. Anlass für den Neubau war eine Feuersbrunst, die das Martinsviertel heimgesucht und auch der Kirche schweren Schaden zugefügt hatte. Der Ausübung der Liturgie diente der östliche Kleeblattchor, der zunächst durch Chorschranken, später durch einen Lettner vom westlichen Laienraum getrennt war. Die Weihe des Chorbereichs ist für 1172 bezeugt, dasselbe Jahr, in dem die unmittelbar an die südliche Langhauswand angebaute Pfarrkirche St. Brigida erstmals erwähnt wird. Die Wahl dieser Kirchenpatronin, eine große irische Heilige, gestorben 523, gibt Anlass für die Vermutung, dass der Plan für eine eigene Pfarrkirche noch unter dem Einfluss der irischen Mönche gefasst worden war.

Das entscheidende Ereignis der vielhundertjährigen Klostergeschichte fällt in die Zeit der Säkularisation 1802/03, denn die Aufhebung aller geistlichen Korporationen betrifft auch Groß St. Martin. Die Klosterkirche wird am 3. Juli 1803 von der Brigidenpfarre übernommen und von da an für den Gottesdienst dieser Gemeinde genutzt. Das hat zur Folge, dass die nicht mehr benötigte mittelalterliche Brigidenkirche im Jahre 1805 abgebrochen wird. Zum Pfarrer der neuen Martinsgemeinde wird der letzte Abt des Klosters berufen. Die nördlich gelegenen Klostergebäude und der Kreuzgang verschwinden zwischen 1821 und 1839. Im Jahre 1843 restauriert man die nördliche Seitenschiffwand der Kirche nach Plänen des Stadtbaumeisters Johann Peter Weyer, wobei alle mittelalterlichen Spuren beseitigt werden. Unter Heinrich Nagelschmidt beginnt 1864 eine notwendig gewordene Instandsetzung der Kirche, die bis in die achtziger Jahre dauert. Gleichzeitig erfolgen nach Entwürfen von August Essenwein eine neue Ausmalung und Ausstattung des Kirchenraums. Bis 1885 sind die Bildprogramme für das Bodenmosaik sowie für die Wand- und Gewölbemalereien vollendet.

Wer heute Groß St. Martin besucht, entdeckt von den historisierenden Bodenmosaiken des 19. Jahrhunderts nur noch Reste, die in eine neue Fußbodenbelegung eingesetzt wurden. Zu sehen sind mit Blüten geschmückte Hirsche, die sich der Sonne zuwenden, hochmütig schreitende Löwen, die Durchgänge bewachen, sowie sechs fette Kühe (ursprünglich sieben), die einst der ägyptische Pharao im Traume sah. Dieses Fragment befindet sich in dem zur Brigidenkapelle umgewandelten ehemaligen Turmgeschoss der Brigidenkirche. Darin mag man einen Bezug zu der Heiligen sehen, die in West- und Süddeutschland als Patronin der Haustiere und des Viehs verehrt wird. Seit dem 15. Jahrhundert als Äbtissin mit Stab und Buch dargestellt, ist ihr als Attribut oft eine Kuh beigegeben.

Beachtung verdient auch das Kapitell am südwestlichen Vierungspfeiler, das als einziges figürlichen Schmuck zeigt: den Kopf eines bärtigen Mannes und das Haupt einer Frau mit langgeflochtenen Zöpfen. Gedeutet werden sie als der fränkische Hausmeier Pippin von Heristal, genannt der Mittlere, und seine Gemahlin Plektrudis. Diese beiden, so berichtet die Legende, hätten im Jahre 708 eine von dem Benediktinermönch Tilmon gegründete Kapelle in ein Kloster umgewandelt: das spätere Martinskloster in der Stadt Köln.

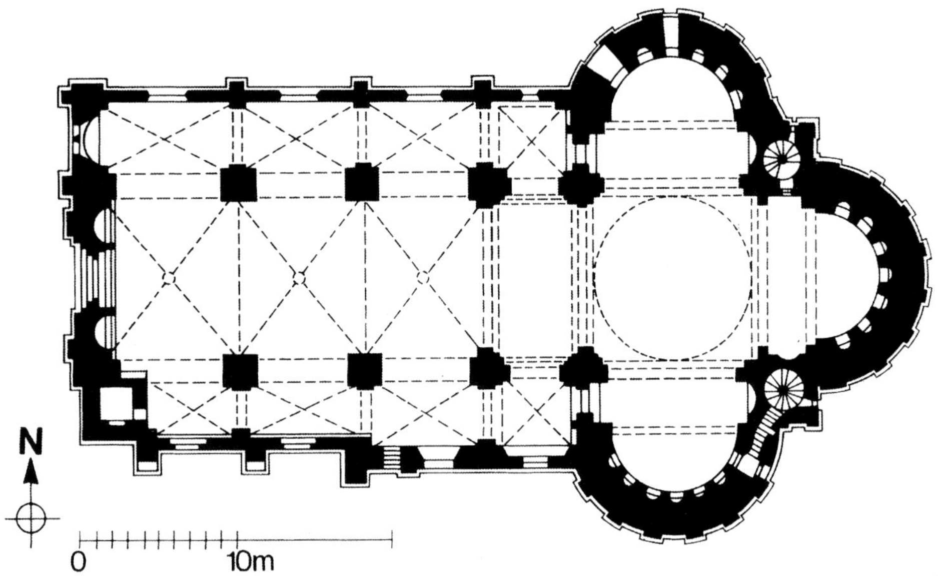

Groß St. Martin. Blick auf die Ostkonche und den Vierungsturm, 1900

Groß St. Martin. Blick in die Ostkonche mit dem Hauptaltar, 1900

Groß St. Martin. Langhaus mit Vorhalle und Vierungsturm, 1900

Groß St. Martin. Vorhalle mit Eingangsportal zum Langhaus, 1900

Groß St. Martin. Mittelschiff und nördliches Seitenschiff, 1900

Groß St. Martin. Blick auf die Südkonche von Südwesten, 1900

Groß St. Martin. Ansicht des Bauwerks von Norden, 1900

Groß St. Martin. Nordkonche und Ostkonche von Südwesten, 1900

ST. MARIA IM KAPITOL

Zur Ausstattung der Kirche gehören zwei Grabplatten, die sich auf dieselbe Person beziehen. Die Grabplatte aus dem 12. Jahrhundert zeigt als Relief die Kirchengründerin Plektrudis mit Muschelnimbus und erhobener Rechten. Die jüngere Grabplatte, aus dem 13. Jahrhundert, stellt Plektrudis mit einer Krone auf dem Haupt dar. In der Linken hält sie ein Modell der Marienkirche mit einem – nie gebauten – Vierungsturm über dem Kleeblattchor. Auch wenn die ältere Platte die Inschrift S. PLECTRVDIS REGINA trägt, so war Plektrudis tatsächlich nicht kanonisiert und trotz der im Mittelalter für sie üblichen Bezeichnung *regina* keine Königin, bestenfalls eine Regentin. Plektrudis war die Gemahlin des fränkischen Hausmeiers Pippin von Heristal, der im Jahre 714 starb. Nach der Überlieferung stiftete Plektrudis zwischen 714 und 717 eine Kirche, die sie in der südöstlichen Ecke der Römerstadt, und zwar in den Ruinen der kapitolinischen Trias, erbauen ließ.

Es ist ungewöhnlich, dass man den Tempel für die Staatsgötter Jupiter, Juno und Minerva nicht am Forum, sondern am Rande der römischen Stadt errichtet hatte, wahrscheinlich in der Mitte des 1. Jahrhunderts. Hinweise lassen vermuten, dass die Hausmeier, die einflussreichen Verwalter der merowingischen Könige, im Bereich dieses Tempels ihren Kölner Sitz nahmen. Die Lagebezeichnung *in capitolio* tritt erstmals 1189 auf, und erst vom 13. Jahrhundert an wird der Name St. Maria im Kapitol gebräuchlich. Die Kirche wurde erstmals in der Lebensbeschreibung des Erzbischofs Bruno (953–965) erwähnt. Dieser versetzte die an der Marienkirche tätigen Geistlichen nach St. Andreas und holte für sie Benediktinerinnen aus dem Kloster Remiremont in den Vogesen. Es war das erste Benediktiner-Nonnenkloster in der Erzdiözese, und seine Äbtissin galt in Köln als die angesehenste und ranghöchste.

Der Bau der heutigen Kirche wurde um 1040 unter der Äbtissin Ida begonnen, einer Enkelin Kaiser Ottos II. und seiner Gemahlin Theophanu. Für den Neubau nutzte man die Fundamente des römischen Tempels, dessen Abmessungen auch die Breite des Langhauses bestimmten. Mit dem Kleeblattchor griff der Bau nach Osten über den römischen Tempel hinaus, weshalb hier, am Abhang zum Rhein hin, eine aufwändige Substruktion geschaffen werden musste. Dieser Unterbau wurde als Krypta angelegt, über der man dann die Dreikonchenanlage errichtete. Im Jahre 1049 konnte man im Mittelschiff vor der Vierung den Kreuzaltar weihen. Vorgenommen wurde die Weihe durch Papst Leo IX., ein Ereignis, an dem nicht weniger als 72 Bischöfe teilgenommen haben sollen.

Die Weihe der Ostanlage einschließlich der Krypta erfolgte 1065 durch Erzbischof Anno II., fünf Jahre nach dem Tode der Äbtissin Ida. Das vollendete Gotteshaus stellte ein Bauwerk dar, das an Großartigkeit seinesgleichen suchte. Als der italienische Humanist und Dichter Francesco Petrarca 1333 in Köln weilte, kam ihm St. Maria im Kapitol wie ein Traumbild vor, und über den römischen Beinamen freute er sich ganz ungemein.

Ob mit dem Neubau des 11. Jahrhunderts ein bewusster Rückgriff auf die Antike beabsichtigt war oder ob man von vornherein eine »monumentale Vergegenwärtigung der Geburtskirche Christi« im Sinn hatte, ist ungewiss. Die Geburtskirche in Bethlehem war im 4. Jahrhundert unter Kaiser Konstantin erbaut worden, und im 6. Jahrhundert wurde unter Justinian dem Langhaus ein Kleeblattchor angefügt. Es ist verblüffend festzustellen, dass der Grundriss der Geburtskirche exakt in den der Kölner Marienkirche hinein passt. Allerdings verzichtete man in Bethlehem darauf, die Seitenschiffe um die Konchen herumzuführen. Offen ist die Frage, wie die genauen Maße für den Neubau aus Bethlehem nach Köln kamen. Man vermutet, dass die Abmessungen von Pilgern aus dem Heiligen Land mitgebracht wurden, ob sie aber dazu einen Auftrag hatten, bleibt rätselhaft.

Die Zweckbestimmung der Anlage änderte sich im Laufe des 12. Jahrhunderts. Das Frauenkloster wurde in ein Damenstift umgewandelt, was den vornehmen Bewohnerinnen ein angenehmes Leben und sogar eine spätere Heirat erlaubte. Im ersten Kölner Stadtführer aus dem Jahre 1828 heißt es dazu: »Die Aebtissinn, wie die Stiftsfräulein (die sämmtlich sechzehn Ahnen zählen mussten), folgten zwar der Ordensregel des heil. Benedict, hatten jedoch durch eine Veränderung oder gewisse Auslegung bewirkt, dass sie sämmtlich, nur die Aebtissinn nicht, den Schleier mit dem Trauringe verwechseln und sich der Welt wiedergeben durften.«

Die herausgehobene Stellung von St. Maria im Kapitol zeigte sich auch darin, dass hier offizielle kirchliche Feiern des Rates der Freien Reichsstadt Köln stattfanden und darüber hinaus feierliche Gottesdienste für die Kaiser des Heiligen Römischen Reiches. Und der Kölner Erzbischof feierte nach alter Tradition die erste Weihnachtsmesse nicht im Dom, sondern in St. Maria im Kapitol.

Im Zuge der Säkularisation wurde das Damenstift 1802 aufgelöst und die Kirche von der Pfarre Klein St. Martin übernommen, die dem Stift schon seit 1172 zugeordnet war. Nachdem man 1803 den Gottesdienst in die Marienkirche verlegt hatte, wurde Klein St. Martin 1824 auf Abbruch versteigert. Erhalten blieb allein der Turm, der weiterhin als Glockenturm diente.

Der herausragenden Architektur entsprach die Ausstattung der Kirche, und da sind besonders die beiden erhaltenen Türflügel bemerkenswert. Einst schmückten sie das Scheitelportal der zur Stadt hin gelegenen Nordkonche. Den Auftrag für die Bildertür hatte noch die Äbtissin Ida erteilt, und vollendet war sie spätestens zur Weihe der Kirche 1065. In Nussbaumholz geschnitzt und auf Eichenbohlen befestigt, stehen die Türflügel mit den gerahmten Reliefs in der Tradition der Spätantike. Dargestellt sind Szenen aus der Kindheits- und Passionsgeschichte Christi, und besonders im Bildprogramm des linken Flügels wird noch einmal die Verbindung zwischen der Kölner Marienkirche und der Geburtskirche in Bethlehem deutlich. Die Darstellung der Geburt Christi wiederholt sich in dem Renaissancelettner, der heute wieder an seiner ursprünglichen Stelle steht. Doch während auf dem Holzrelief des 11. Jahrhunderts Maria und Joseph nachdenklich und in sich versunken wirken, zeigt das Steinrelief des 16. Jahrhunderts die Eltern in lebhafter Gebärde, das auf dem Boden liegende Kind hingebungsvoll anschauend.

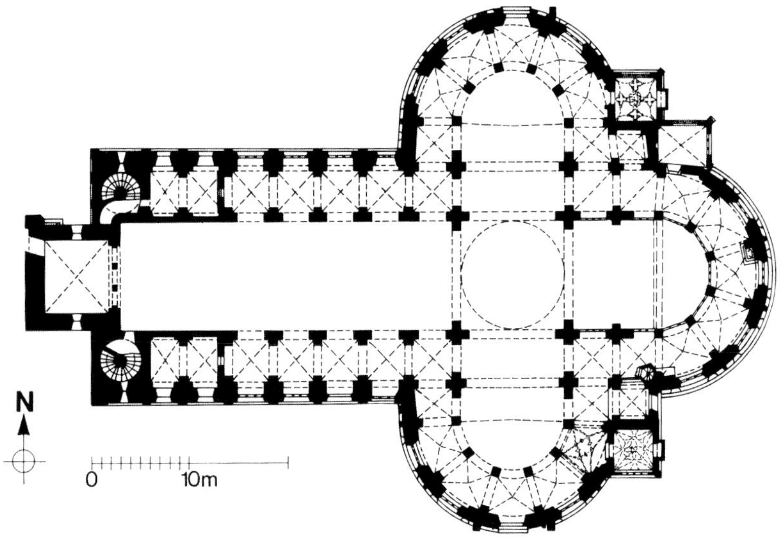

St. Maria im Kapitol. Blick auf die Dreikonchenanlage von Osten, 1900

St. Maria im Kapitol. Nordkonche und Ostkonche von Südwesten, 1889

St. Maria im Kapitol. Ansicht des Bauwerks von Süden, 1900

St. Maria im Kapitol. Blick aus der Südkonche nach Norden, 1889

St. Maria im Kapitol. Die Westwand mit dem Lettner, 1889

St. Maria im Kapitol. Blick durch das Mittelschiff nach Osten, 1889

St. Gereon. Blick auf das Bauwerk von Süden, 1889

St. Gereon. Blick in den Langchor nach Osten, 1889

St. Gereon. Vorhalle mit Eingangsportal zum Dekagon, 1889

St. Gereon. Dekagon und Vorhalle von Nordwesten, 1889

St. Gereon. Blick in die Krypta nach Osten, 1889

St. Gereon. Blick auf Ostapsis und Flankentürme, 1889

St. Severin. Ansicht des Bauwerks von Südosten, 1900

St. Severin. Blick durch das Mittelschiff nach Osten, 1889

St. Severin. Blick durch das Mittelschiff nach Westen, 1889

St. Severin. Westturm und Chorflankentürme von Osten, 1900

St. Georg. Südansicht mit zweigeschossiger Vorhalle, 1889

St. Georg. Blick aus dem Mittelschiff nach Osten, 1889

St. Georg. Blick in die fünfschiffige Krypta, 1889

St. Georg. Der Westbau mit Taufstein und Orgel, 1889

ST. PANTALEON

Das Kloster St. Pantaleon lag auf einer leichten Anhöhe außerhalb der südwestlichen Ecke der Römerstadt und nach 1180 innerhalb der mittelalterlichen Stadtbefestigung. Noch der Mercator-Plan von 1571 zeigt die Kirche mit den Klostergebäuden umgeben von landwirtschaftlicher Nutzfläche. Hier gründete Erzbischof Bruno vermutlich im Jahre 957 das erste Kölner Benediktinerkloster, das er nach 963 mit Mönchen aus St. Maximin in Trier besetzte. Aus römischer Zeit ist auf dem Hügel von St. Pantaleon ein Gutshof nachgewiesen, der noch in einer kirchlichen Güterumschreibung von 866 aufgeführt wird, und Erwähnung findet gleichzeitig ein hier errichtetes Gotteshaus zu Ehren des hl. Pantaleon.

Panteleimon, so sein griechischer Name, war Leibarzt des römischen Kaisers Maximian, bekannte sich zum christlichen Glauben und erlitt um das Jahr 305 den Märtyrertod. Die Kirche, wohl nicht mehr als eine Gedächtniskapelle, befand sich um 900 in baulichem Verfall. Gleichwohl nahm Bruno 955 hier das Pallium entgegen, Zeichen seiner erzbischöflichen Würde, und zwar aus den Händen des Abtes Hadamar von Fulda. Gleichzeitig überbrachte dieser Reliquien des Kirchenpatrons, von dem – so muss man annehmen – schon zu früherer Zeit Reliquien in St. Pantaleon vorhanden waren.

Bruno hatte noch einen Teil der Konventsgebäude errichten lassen, doch verzögerte sich der Neubau der Kirche durch seinen Tod 965. Erst um das Jahr 1000 war die Klosterkirche ganz vollendet, ein einschiffiger Saalbau mit einer Ostapsis über einer Krypta und einem Westwerk, vor dem sich ein freistehender oktogonaler Zentralbau befand. Die Chorweihe der neuen Kirche war schon am 24. Oktober 980 durch Erzbischof Warin erfolgt. Durch das ottonische Herrscherhaus hatte St. Pantaleon großzügige Unterstützung erfahren und war reichlich mit Zuwendungen bedacht worden. Kaiser Otto II. starb 983 im Alter von nur 28 Jahren, und seine Gemahlin, die byzantinische Prinzessin Theophanu, starb 991, erst 31 Jahre alt. Sie hatte 984 den vorhandenen Reliquienschätzen noch die Gebeine des hl. Albinus aus Rom hinzugefügt. Nach ihrem Tode wurde sie vor dem Altar dieses römischen Heiligen im Westwerk der Kirche beigesetzt.

Das Westwerk von St. Pantaleon gilt zu Recht als ein Höhepunkt ottonischer Architektur. Ein mächtiger Vierungsturm wird von seitlichen Türmen überragt, und westlich vor dem Mittelbau liegt die zwischen den Treppentürmen auffallend weit vorgezogene Vorhalle mit einer triumphtorartigen Öffnung. Das monumentale Westwerk, ein Symbol der *ecclesia militans*, ist der für den weltlichen Herrscher als dem Beschützer der Kirche bestimmte Ort. Dieser karolingische Gedanke hat in St. Pantaleon seine ottonische Fortsetzung gefunden. Im Inneren, nach Osten hin, öffnet sich der Raum in einem hohen breiten Rundbogen. Der ursprüngliche, mit 12,8 Metern ungewöhnlich breite Saalbau bleibt im Wesentlichen bestimmend bei späteren baulichen Veränderungen. Um 1170 erfolgt eine Erweiterung zu einer dreischiffigen Basilika, wobei in die Mauern des Saalbaus je fünf Arkaden zu den angefügten Seitenschiffen gebrochen werden.

Eine umfassende Neugestaltung der Kirche findet erst im 17. Jahrhundert statt. Im »gegenreformatorisch-nachgotischen Stil« beginnt 1619 die Einwölbung von Mittelschiff und Chorraum. In dem Bestreben, an die ruhmvolle Vergangenheit des Klosters anzuknüpfen, lässt Abt Ägidius Romanus (1646–84) die Konventsgebäude instand setzen. Unter Abt Konrad Kochem (1687–1717) werden weitere, allerdings zerstörerisch wirkende Veränderungen vorgenommen. Um den Boden des Chores tiefer legen zu können, lässt er das Kryptagewölbe einreißen und den Lettner in verstümmeltem Zustand an das westliche Ende des Mittelschiffs versetzen. Obwohl die Barockisierung im 18. Jahrhundert fortgesetzt wurde, blieb der ottonische Bau in seiner Grundstruktur erhalten, doch veränderte sich der äußere Anblick. Nachdem 1757 der südliche Seitenturm eingestürzt war und das ganze Westwerk baufällig schien, wurde der nördliche Turm auf die gleiche Höhe wie der südliche abgetragen und beide Türme bekamen barocke Hauben. Der Hauptturm wurde neu aufgebaut und erhielt über einem geschweiften Dach eine Laterne. Das Schlimmste aber war, dass jetzt auch die einzigartige Vorhalle niedergelegt wurde. Den tiefsten Punkt der Erniedrigung erlebte St. Pantaleon dann 1794, als französische Revolutionstruppen in Köln einmarschierten. Aus der Kirche machten die Soldaten einen Pferdestall.

Im Jahre 1802 wurde die Abtei aufgehoben, und die Mönche mussten nach fast 850 Jahren St. Pantaleon verlassen. Die Kirche wurde jetzt zur Katholischen Pfarrkirche bestimmt, und die 1141 geweihte Kirche St. Mauritius, eine romanische Pfeilerbasilika, wurde auf Abbruch versteigert. Im März 1816 wurde der Pfarre mitgeteilt, dass die Kirche von der preußischen Militärverwaltung beansprucht werde. Das bedeutete, dass St. Pantaleon evangelische Garnisonskirche werden sollte. Der erste protestantische Gottesdienst fand am 3. August 1819 statt, dem Geburtstag Friedrich Wilhelms III. Der Hauptturm der Kirche diente ab 1834 als Station Nr. 51 der optischen Telegraphenlinie Berlin–Koblenz. Aus der zu einer Plattform veränderten barocken Laterne ragte jetzt ein langer Balken mit sechs hölzernen Armen heraus. Nach weniger als zwanzig Jahren hatte der technische Fortschritt den optischen Telegraphen überflüssig gemacht: Im Jahre 1852 wurde die Station geschlossen.

Immerhin legte das Garnisonsbauamt sechs Jahre später einen Entwurf zur Wiederherstellung des Turms in der Form des 18. Jahrhunderts vor. Es sollte indessen noch mehr als dreißig Jahre dauern, bis mit der Rekonstruktion des gesamten Westwerks begonnen wurde. Nachdem man 1888 die barocken Hauben der Türme abgetragen hatte, begannen die Arbeiten am Westbau am 1. Juni 1890, und am 18. Dezember 1892 wurden sie mit einer Weihe der neuerstandenen Kirche abgeschlossen. Die architektonische Gestalt war im Wesentlichen wiedergewonnen, doch hatte man den Westflügel, also die charakteristische Vorhalle, um die Hälfte verkürzt.

Der Stifter des Benediktinerklosters, Erzbischof Bruno, hatte die Vollendung seines Kirchenbaus nicht mehr erlebt. Er starb am 11. Oktober 965 im Alter von 40 Jahren. Beigesetzt wurde er in der Krypta von St. Pantaleon in einem römischen Sarkophag aus rotem Sandstein.

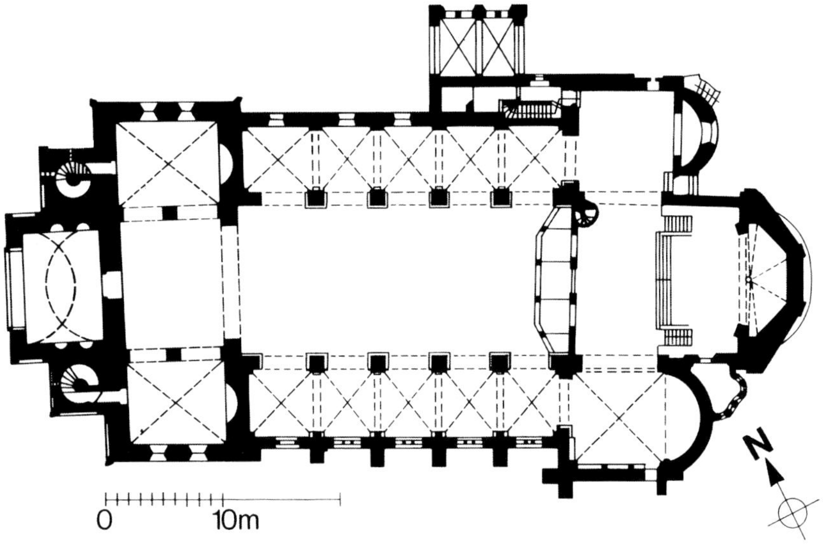

St. Pantaleon. Ansicht des Bauwerks von Westen, 1889

St. Pantaleon. Innenansicht des Kapitelsaals, 1889

St. Pantaleon. Blick aus der Chorapsis nach Westen, 1889

St. Pantaleon. Gotischer Lettner und barocker Orgelprospekt, 1889

St. Pantaleon. Blick auf den Ostteil der Kirche von Süden, 1889

St. Pantaleon. Das Langhaus mit Blick zum Hochaltar, 1889

ST. CÄCILIEN

Die Kirche des ehemaligen Damenstifts St. Cäcilia ist eine dreischiffige Pfeilerbasilika mit Nonnenempore und westlicher Krypta aus der zweiten Hälfte des 12. Jahrhunderts. Gegründet wurde das adlige Damenstift durch Erzbischof Willibert im Jahre 888. Der Bauplatz lag im einstigen römischen Thermenbezirk westlich der Nordsüdachse, dem *cardo maximus* (der heutigen Hohen Straße), und südlich der Ostwestachse, dem *decumanus maximus* (der heutigen Schildergasse).

Eine Erweiterung der einfachen Saalkirche und der Bau neuer Konventsgebäude erfolgten im 10. Jahrhundert unter den Erzbischöfen Wichfried und Bruno, zwischen 940 und 960. Erzbischof Bruno bedachte die Kanonissen in seinem Testament mit reichlichen Zuwendungen für den Weiterbau. Mit der Umwandlung der Saalkirche zur dreischiffigen Pfeilerbasilika begann man um das Jahr 1100 und vollendete die Arbeiten mit der Einwölbung der Seitenschiffe um 1170. Während der Chorraum den an St. Cäcilien tätigen Geistlichen vorbehalten war, versammelten sich die Stiftsdamen zum Gottesdienst auf der Westempore über der Krypta.

Das Cäcilienstift galt im Mittelalter nach St. Maria im Kapitol als vornehmstes Damenstift in Köln. Gleichwohl verlor es aus nicht klar ersichtlich werdenden Gründen seit dem Ende des 12. Jahrhunderts beträchtlich an Ansehen. Im 15. Jahrhundert war das Stift dann so verarmt, dass es fast keine Mitglieder mehr hatte. Deshalb wurde es 1475 an die Augustinerchorfrauen von St. Maria zum Weyer übertragen, da deren vor den Toren Kölns gelegenes Kloster abgebrochen worden war. Gegen den erbitterten Widerstand der letzten Äbtissin des Stifts, Elisabeth von Reichenstein, wurde St. Cäcilien in ein Augustiner-Nonnenkloster umgewandelt. Die neuen Bewohner der ehemaligen Stiftsgebäude begannen mit einer Erneuerung der Kirche, indem sie die flache Decke des Mittelschiffs bis 1483 durch ein Kreuzrippengewölbe ersetzten und später den westlichen Nonnenchor umgestalteten. Um den Klausurbereich vom Kirchenraum zu trennen, wurde 1519 die Krypta vermauert und eine lettnerartige Wand quer durch den Innenraum gezogen.

Im Jahre 1794 marschieren französische Revolutionstruppen in Köln ein. 1802 wird das Kloster im Zuge der Säkularisation aufgehoben und in ein Hospital umgewandelt. Die Kirche dient zunächst als Depot für eingezogene sakrale Kunstgegenstände, doch wird sie am 25. November 1804 durch Erlass der französischen Verwaltung wieder für den Gottesdienst freigegeben. Kurz zuvor, am 12. September, ist Kaiser Napoleon in Köln eingezogen – von den Bürgern begeistert begrüßt.

Ein Jahr später, 1805, gehen Kirche und Klostergebäude in das Eigentum der städtischen Hospitalverwaltung über. 1843 werden die ehemaligen Konventsgebäude niedergelegt, und 1847 beginnt man mit dem Neubau eines Bürgerhospitals, für das Stadtbaumeister Weyer noch die Entwürfe geliefert hat. Die Kirche wird nun Hospitalkapelle. Unter Weyers Nachfolger bekommt die Basilika einen neuromanischen Westteil, wobei der Baukörper um ein Joch nach Westen verlängert und die zugeschüttete Krypta rekonstruiert wird. Der Kreuzgang und andere ehemalige Stiftsgebäude werden 1843–47 abgebrochen. Eine neue grundlegende Restaurierung des Kircheninneren findet dann 1894–98 statt. Entdeckt werden dabei gotische Wandmalereien des 13. Jahrhunderts im Chorgeviert. Sie zeigen – heute nur noch schemenhaft zu erkennen – auf der Südseite Szenen aus dem Leben Christi; gegenüber, in drei Reihen fortlaufend, erzählen sie die Legende der hl. Cäcilia.

Die in Rom lebende *Caecilia* wird von ihren Eltern mit einem heidnischen Jüngling namens Valerianus verheiratet. Noch am Tage der Vermählung bekehrt sie ihren Bräutigam zum Christentum, ebenso dessen Bruder Tiburtius. Da sie während der Hochzeitsmusik im Stillen ein Gebet um die Erhaltung ihrer Jungfräulichkeit zu

Gott gesungen hat, wird sie im späten Mittelalter zur Patronin der Musik und genießt besonders im 16. und 17. Jahrhundert größte Verehrung. Als Attribut wird ihr zunächst eine Handorgel beigegeben. Später wird sie meist an einer großen Orgel spielend, singend oder mit anderen Instrumenten musizierend dargestellt. Peter Paul Rubens malt die hl. Cäcilia kurz vor seinem Tode 1640. Er zeigt sie beim Spiel an einem Spinett; die Tasten des Instruments berührend, wird die Heilige dabei von himmlischen Klängen entrückt.

In unmittelbarer Nachbarschaft von St. Cäcilien befindet sich die Kirche St. Peter, heute das einzige erhaltene Beispiel für ein bis zur Säkularisation gewohntes Bild in Köln: das Nebeneinander von Stiftskirche und Pfarrkirche. Bezeugt als Pfarrkirche des Damenstifts St. Cäcilien ist St. Peter seit Mitte des 12. Jahrhunderts, doch ist archäologisch ein erster Vorgängerbau schon für das 10. Jahrhundert nachgewiesen. Als dreischiffige Emporenbasilika wurde St. Peter um 1230 vollendet, die letzte baukünstlerische Leistung der Spätgotik in Köln.

Zu den Kunstschätzen der Kirche gehört die berühmte »Kreuzigung Petri« von Peter Paul Rubens, der seine Kindheit in Köln verbrachte. Dargestellt ist der gemarterte Körper des greisen Petrus, der mit dem Kopf nach unten von Schergen an ein Kreuz geschlagen wird, im Gegenspiel von Licht und Schatten ein Bild voller Dramatik. Die Kölner Patrizierfamilie Jabach hatte das große Leinwandgemälde 1637 für den Hochaltar von St. Peter in Auftrag gegeben. Durch den Kunstraub der Franzosen gelangte das Bild 1794 nach Paris. Nach dem Sieg über Napoleon konnte es 1815 nach Köln zurückgeholt werden.

Bis 1587, dem Tode des Vaters, wohnte die Familie Rubens in der Sternengasse, von St. Peter nicht weit entfernt. In dieser Straße besaß die Familie Jabach einen prächtigen Patrizierhof. 1774 besuchte Goethe das Haus, kurz nachdem er zum erstenmal den unvollendeten Dom gesehen hatte. Zwölf Jahre später, am 22. November 1786, dem Namenstag der hl. Cäcilie, besichtigte Goethe in Rom die Kirche *S. Cecilia in Trastevere*. Hier befindet sich noch heute eine um 1650 von Stefano Maderno gemeißelte Mamorskulptur der Heiligen, nach ihrem Martyrium in hingestreckter Haltung auf dem Boden liegend.

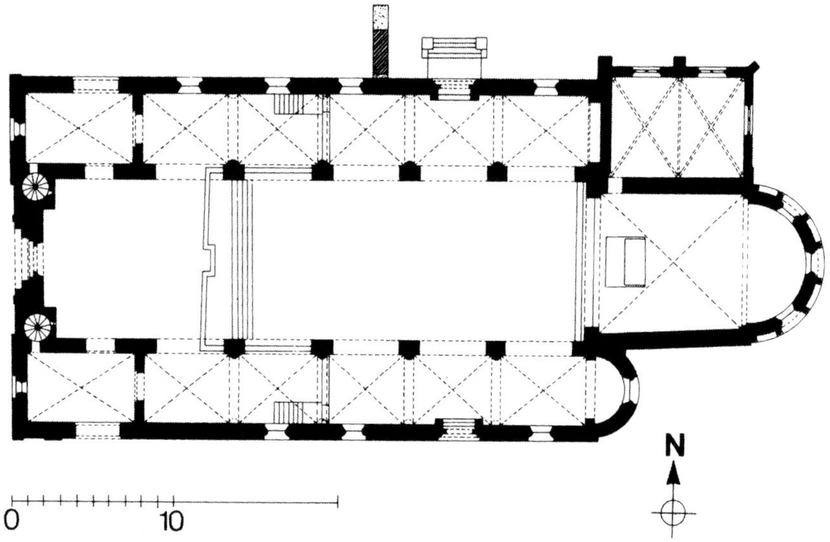

St. Cäcilien. Ansicht von Südosten mit barockem Dachreiter, 1889

St. Cäcilien. Blick durch das Mittelschiff nach Osten, 1889

St. Cäcilien. Portal mit Tympanon in der nördlichen Außenwand, 1889

St. Cäcilien. Blick nach Westen mit Empore und Krypta, 1889

St. Andreas. Ostansicht des Außenbaus mit gotischem Chor, 1889

St. Andreas. Blick durch das Mittelschiff nach Osten, 1889

St. Andreas. Der Westbau der Kirche von Südwesten, 1889

St. Andreas. Blick in die Vorhalle nach Norden, 1889

St. Andreas. Mittelschiff und nördlicher Querhausarm, 1889

St. Andreas. Blick in den spätgotischen Langchor, 1889

St. Ursula. Blick auf das Bauwerk von Nordosten, 1900

St. Ursula. Mittelschiff und südliche Seitenschiffe, 1900

St. Ursula. Blick auf den Westbau von Nordwesten, 1900

St. Ursula. Westbau mit Vorhalle und Empore, 1900

St. Ursula. Blick aus dem südlichen Querhaus nach Nordwesten, 1900

St. Ursula. Blick auf Turm und Südschiff von Südosten, 1900

St. Ursula. Chor und Langhaus mit nördlichem Querarm, 1900

St. Ursula. Mittelschiff und Langchor mit Hochaltar, 1900

St. Aposteln. Die Dreikonchenanlage und der Westturm, 1889

St. Aposteln. Blick aus der Ostkonche nach Westen, 1889

St. Aposteln. Das untere Geschoss des Westturms, 1889

St. Aposteln. Blick in das südliche Seitenschiff, 1889

St. Aposteln. Blick vom Westquerschiff ins Langhaus, 1889

St. Aposteln. Blick auf den Kleeblattchor von Osten, 1889

ST. MARIA LYSKIRCHEN

Die Pfarrkirche St. Maria Lyskirchen wird erstmals im Jahre 948 erwähnt, und zwar in einer Urkunde des Erzbischofs Wichfrid oder – nach anderer Schreibweise – Wigfried. Ursprünglich war sie vermutlich die Eigenkirche eines vermögenden Grundherrn namens Lysolfus. Im 12. Jahrhundert treten die lateinische Bezeichnung *ecclesia Lisolvi* und der deutsche Name Lisolfikyrken auf, woraus dann später für die Marienkirche der Beiname Lyskirchen wird. Die Legende hat die Entstehung der Kirche noch weiter zurück verlegt, in die Frühzeit des Kölner Christentums. Danach soll die Krypta die Zelle des hl. Maternus gewesen sein, der als erster den Kölner Bischofsstuhl einnahm.

Maternus war tatsächlich der erste Bischof von Köln, und in den Akten der Synoden von Rom (313) und Arles (314) wird er als Teilnehmer genannt. Doch ein Schüler des Apostelfürsten Petrus, wie die Legende glauben machen will, war er nicht. Archäologisch nachweisbar ist das Christentum in Köln erst seit dem Mailänder Edikt des Jahres 313, mit dem Kaiser Konstantin den Christen freie Religionsausübung zusicherte.

Die seit dem 10. Jahrhundert bezeugte Kirche lag östlich der Südostecke der einstigen Römerstadt, inmitten der alten Schiffervorstadt Noithusen, und später innerhalb der Stadterweiterung von 1106. Erzbischof Anno hatte den Vorgängerbau der heutigen Kirche im Jahre 1067 samt Pfarrfunktionen dem Stift St. Georg inkorporiert. In diesem Falle bedeutete die »Einverleibung«, dass ein Kanoniker von St. Georg zugleich Pfarrer von St. Maria Lyskirchen war und dass die mit der Pfarre verbundenen Einkünfte dem Stift zuflossen.

Die Krypta, von der die Maternus-Legende berichtet, blieb Bestandteil des im frühen 13. Jahrhundert begonnenen Neubaus. Seitlich wird die unter dem Chorgeviert und der Apsis liegende Krypta durch Nebenräume eingefasst. Es ist möglich, dass der gesamte Unterbau als Substruktion des Ostteils der Kirche gedacht war, da dieser an einer zum Rhein hin abfallenden und immer wieder durch Hochwasser gefährdeten Stelle nahe dem Ufer lag.

Der verzogene, unregelmäßige Grundriss der Kirche lässt darauf schließen, dass es in der mittelalterlichen Stadt Platzprobleme gab. So machte der Straßenverlauf eine Schrägstellung der Fassade notwendig, und das südliche Seitenschiff ist schmäler als das nördliche. Um bei Gottesdiensten und Kirchenfesten möglichst viele Gläubige unterbringen zu können, wurde die Kirche als Emporenbasilika erbaut, was bei Kölner Pfarrkirchen häufig der Fall war. Aus der Bauzeit der Kirche liegen keine Nachrichten vor, doch kommt man durch Stilvergleiche und archäologische Untersuchungen auf einen Baubeginn noch vor 1200 oder erst um 1210/20.

Der Neubau sollte zum Rhein hin eine Schaufassade zeigen, mit Chorapsis und zwei Flankentürmen. Man nimmt an, dass es die wohlhabenden Schiffer und Kaufleute des Pfarrbezirks waren, die mit einer solchen Bauform auch ihrer eigenen Geltung Ausdruck verleihen wollten. Doch am Beginn des 13. Jahrhunderts hatte nur St. Gereon eine doppeltürmige Chorfassade und eine andere Stiftskirche, St. Kunibert, im nördlichen Teil des Kölner Rheinpanoramas gelegen und ungefähr zeitgleich mit St. Maria Lyskirchen im Bau, sollte ebenfalls durch eine türmeflankierte Ostfassade ausgezeichnet werden. Ob nun einer Pfarrkirche nur ein Turm zustand, ob die Stiftsherren von St. Kunibert deshalb gegen die Baupläne der Marienkirche protestierten, ob sie gar bei den Kanonikern des Stifts St. Georg intervenierten, alles das sind Mutmaßungen. Tatsache ist jedoch, dass nur der Nordturm von St. Maria Lyskirchen vollendet wurde. Der Südturm erhielt nach oben kein freies Geschoss, doch war der Turmstumpf im Mittelalter anders gestaltet als heute. Auf einem Holzschnitt von Anton Woensam aus dem Jahre 1531 sieht man den nur zwei Geschosse hoch gemauerten Turm mit einer senkrecht aufsitzenden Verbretterung, aus der die Spitze eines Pyramidendaches herausragt. Die Stadtansicht des 16. Jahrhunderts zeigt noch die romanische Apsis, ebenso ein 1632–36 angefertigter Stich von Wenzel Hollar. Der Umbau des Ostteils der Kirche erfolgte zwischen 1658 und 1662, wobei Zwerggalerie und Plattenfries verloren gingen. Chorgeviert und Apsis wurden neu eingewölbt, und die Apsiswand erhielt hohe gotisierende Maßwerkfenster.

Im Oktober 1794 marschieren französische Revolutionstruppen in Köln ein, ein Ereignis, das für St. Maria Lyskirchen glimpflich verläuft. Zwei Jahre später kann sogar eine bescheidene Restaurierung der Kirche vorgenommen werden. Auch die Säkularisation übersteht die Pfarrkirche unbeschadet, doch bleibt sie von 1803 bis 1808 geschlossen. In dieser Zeit wird der Gottesdienst in St. Georg abgehalten. Als dann im Jahre 1809 das Georgsstift endgültig aufgehoben wird, erhält St. Maria Lyskirchen den Status einer selbständigen Pfarre.

Mit einer durchgreifenden Instandsetzung der Kirche konnte erst 1868 begonnen werden, und zwar unter Leitung des damaligen Stadtbaumeisters Julius Raschdorff. Man begann mit dem Nordturm, dessen Spitze mit den vier Giebeldreiecken abgebrochen und dann neu ausgeführt wurde. 1871–72 erfolgte eine Veränderung der Westfassade, die in ihrem oberen Teil nach Entwürfen von Vincenz Statz neuromanische Formen erhielt. Als man 1879 daran ging, die Kirche im Inneren auszumalen, entdeckte man in den Gewölben des Mittelschiffs die Malereien des 13. Jahrhunderts. Die älteste erhaltene Wandmalerei, die Anbetung der Heiligen Drei Könige über dem Westportal, entstand um 1230, was darauf schließen lässt, dass die Bautätigkeit an der Kirche zu diesem Zeitpunkt abgeschlossen war. Den Bilderzyklus in den Kreuzgratgewölben mit Szenen des Alten und des Neuen Testaments datiert man auf die Zeit um 1250. Im Gewölbe der südlichen Chorkapelle finden sich gut erhaltene Szenen aus der Legende des hl. Nikolaus, die um 1270 gemalt wurden. Etwa zehn Jahre später entstand in der nördlichen Chorkapelle ein Zyklus mit Darstellungen aus dem Leben der hl. Katharina von Alexandria.

Erst zu Beginn des 19. Jahrhunderts kam die »Schiffermadonna« aus dem Kloster Walberberg nach St. Maria Lyskirchen. Geschaffen um 1420, ist die überlebensgroße Holzskulptur ein gutes Beispiel für den »Weichen Stil«, anmutig und voller Liebreiz. Bis 1868 stand die Figur der Maria mit dem Kind außen in einer Nische der Chorfassade, von wo aus sie den vorüberfahrenden Rheinschiffern einen Segensgruß entbot.

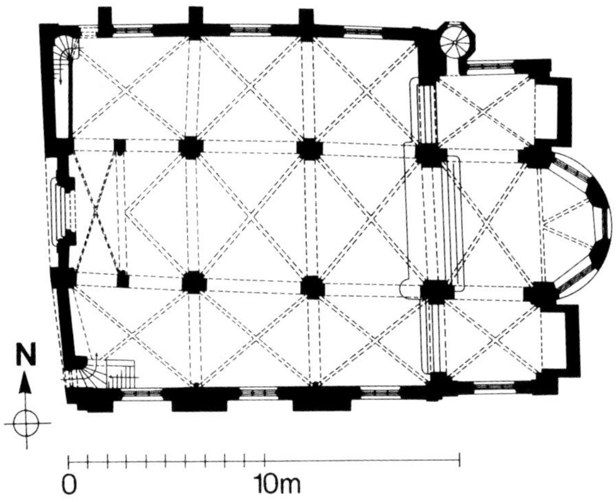

St. Maria Lyskirchen. Chorfassade und Küsterhaus, 1889

St. Maria Lyskirchen. Blick durch das Langhaus zum Chor, 1889

St. Maria Lyskirchen. Westportal mit Türsturz und Tympanon, 1889

St. Maria Lyskirchen. Blick auf Orgeltribüne und Empore, 1889

St. Kunibert. Ansicht der Kirche von Südosten, 1900

St. Kunibert. Blick durch das Mittelschiff nach Osten, 1889

St. Kunibert. Ansicht des Bauwerks von Südwesten, 1889

St. Kunibert. Blick in das Mittelschiff vom Chor aus, 1889

St. Kunibert. Chorapsis und Flankentürme von Osten, 1900

St. Kunibert. Blick von Westen in die Chorapsis, 1889

Köln im Mittelalter
Die Karte zeigt die Lage des Domes und der 12 romanischen Kirchen.

Stadterweiterungen im Mittelalter:
① Römerstadt; ② Erweiterung vor 956; ③ Erweiterungen 1106; ④ Erweiterungen 1180.

BILDKOMMENTARE

DER KÖLNER DOM

13 Ansicht des Bauwerks von Südosten, 1889
32 Ansicht des Bauwerks von Nordosten, 1889
Wenige Bauwerke der Gotik weisen einen solchen Grad architektonischer Geschlossenheit auf wie der Kölner Dom. Vorbild für den hochgotischen Chor war die Kathedrale von Amiens. Im Bereich des Chores und des Kapellenkranzes hebt sich der Oberbau von dem schmucklosen Unterbau deutlich ab. Von jedem Strebepfeiler steigen zwei übereinander liegende Strebebögen zu den Wänden der hohen Chorhalle auf, und mit seinen zahlreichen Fialen reicht das Strebewerk über den Dachansatz hinaus. So hat es den Anschein, als wäre der Hochchor in das Strebesystem eingehängt. Es ist interessant (auf den Abbildungen nicht leicht zu erkennen), dass der Dekor des Strebewerks auf der Nordseite relativ einfach und sparsam ist, dann aber am Chorhaupt und zur Südseite hin von Pfeiler zu Pfeiler reicher wird. Das trifft vor allem für den Aufbau der Fialen zu. Überhaupt zählt das Strebewerk mit seinen überaus reichen Zierformen zum Hauptschmuck des Domes. Über der Vierung sieht man den im Jahre 1860 aufgesetzten schlanken eisernen Dachreiter, der 109 Meter hoch ist. Das tragende Gerippe ist mit Zinkgussteilen in neugotischen Formen bedeckt. Die beiden Aufnahmen lassen auch die Terrassenanlage erkennen, die sich um den ganzen Chor herumzieht. Nach der Freilegung des Domes im Laufe des 19. Jahrhunderts stand einem staatlich genehmigten »Terrassen- und Grünanlagenplan« nichts mehr im Wege.

14 Ansicht von Nordwesten mit dem Turmpaar, 1889
Die Westfassade des Domes ist die größte jemals gebaute Kirchenfassade überhaupt, machtvoll gesteigert durch das völlig gleichartige, 157 Meter hohe Turmpaar. Die Gliederung der Fassade ist klar und übersichtlich. Die in den beiden unteren Geschossen quadratischen Türme gehen vom dritten Geschoss an in ein Achteck über. Gestützt werden die Türme durch mächtige Strebepfeiler, die selber vielgliedrige Türme sind, die sich nach oben verjüngen. Sie enden, nachdem sie die achteckigen, 50 Meter hohen durchbrochenen Turmhelme noch ein Stück begleitet haben, in schlanken Fialen. Bekrönt werden die durchbrochenen Helme, die mit großen, ein Meter ausladenden Krabben besetzt sind, von zwei je 8,65 Meter hohen Kreuzblumen. Als am 23. Juli 1880 der Nordturm vollendet wurde, war er das damals höchste Gebäude der Welt. Rechts vom Südturm erkennt man die Kirche Groß St. Martin, direkt links neben dem nördlichen Querhausarm die »erste feste Rheinbrücke«, erbaut 1855–59 als Eisenbahn- und Straßenbrücke.

15 Die Portale der nördlichen Querhausfassade, 1889
Die Aufnahme zeigt das erhöhte Mittelportal und die beiden kleineren Seitenportale. Die Figuren in den Bogenläufen und in den Gewänden sowie die Reliefs in den vier Zonen des Tympanons stammen aus der Werkstatt des Bildhauers Peter Fuchs, 1879–81. Im Wimperg, dem Ziergiebel über dem Mittelportal, steht eine Skulptur Christi mit vier Kirchenvätern. Die Wimperge über den Seitenportalen sind mit Maßwerk gefüllt, und zwar jeweils mit einem Dreistrahl. Das linke (östliche) Portal erinnert an Bonifatius, den »Apostel der Deutschen«, das rechte (westliche) Portal ist Maternus, dem ersten Kölner Bischof, gewidmet. Errichtet wurde die Nordfassade 1843–55 durch Ernst Friedrich Zwirner.

16 Blick in das nördliche Querhaus von Südosten, 1889
17 Blick aus dem nördlichen Querhaus in das Langhaus, 1900
Die Vierungspfeiler unterscheiden sich in ihrem Umfang kaum von den übrigen Mittelschiffspfeilern. Lediglich vier zusätzliche Dienste (viertel- bis dreiviertelrunde Säulchen als Stützen für die Gurte und Rippen des Gewölbes) sind den Vierungspfeilern vorgelegt. Die beiden östlichen Pfeiler stammen noch aus dem 13. Jahrhundert , die westlichen unten aus dem 14. und 15., die westlichen oben aus dem 19. Jahrhundert. Die Einwölbung der Vierung erfolgte 1863. Es gilt als sicher, dass in der Mitte der Vierung, die im Mittelalter nicht vollendet wurde, der Dreikönigenschrein stehen sollte. Das große Nordfenster wurde 1865 eingesetzt. Unterhalb dieses Fensters sieht man die an der Wand aufgehängte Orgel. Die vier Obergadenfenster der Westwand zeigen Heilige und Gestalten des Alten Bundes. Auffallend sind die Arkadenbögen im Querhaus, weil sie – anders als im Langhaus – nicht mit Krabben besetzt sind. Klar erkennbar ist der dreizonige Wandaufriss mit Arkaden, Triforium und Obergaden, wodurch das differenzierte Wechselspiel von Horizontalen und Vertikalen deutlich wird.

18 Blick auf die Westfassade, 1889

19 Die Portale der Westfassade, 1889

Die Westfassade folgt in ihrem Aufbau im Wesentlichen dem berühmten mittelalterlichen Pergamentplan, dem Plan »F«. Die Horizontalgliederung der Fassade wird in den einzelnen Geschossen von den spitzen Wimpergen vertikal übersprungen. Wie sich die Ziergiebel über den Portalen und Fenstern mit anderen Architekturteilen überschneiden und durchdringen, erkennt man besonders deutlich an den beiden Seitenportalen. Der mit Maßwerk gefüllte Wimperg über dem jeweiligen Portal gipfelt in einer hohen Fiale, die in das Maßwerk eines weiteren Wimpergs einschneidet. Dieser wiederum bekrönt ein kunstvoll verziertes kleines Maßwerkfenster, das von dem unteren Wimperg und den auf die Schrägen gesetzten Fialen halb verdeckt wird. Die Portale treten in der Gesamtwirkung der Fassade völlig zurück, wirken sogar im Hinblick auf das breite mittlere Westfenster und die hohen Fenster der oberen Geschosse gedrungen. Von den drei Portalen der Westfassade stammt nur das rechte, das Petersportal im Südturm, aus dem Mittelalter, geschaffen um 1370–80. Die Einfügung von drei Portalen in ein fünfschiffiges Langhaus bewirkt, dass nur die jeweils innere Hälfte eines Turms vom Seitenportal eingenommen wird. Die beiden Achsen sowohl des Süd- wie des Nordturms wirken dadurch im Erdgeschoss in ihrem architektonischen Nebeneinander unharmonisch. In dem vierfach abgetreppten Gewände des Petersportals sieht man auf beiden Seiten jeweils vier Apostelskulpturen. Bei der Figur links von der Tür, ganz innen, handelt es sich um den hl. Petrus, dem – zusammen mit der Gottesmutter – die Kathedrale geweiht ist. Der Figurenschmuck am Nordportal, dem Dreikönigenportal, wie auch der am Mittelportal stammt aus der Werkstatt des Bildhauers Peter Fuchs, 1872–80. Am Teilungspfeiler des Haupteingangs steht die Gestalt der Maria mit dem Kind. Die Breite der Westfront beträgt 62 Meter. Die Stufen vor der Portalzone wurden erst 1848 angelegt; bis dahin ging man hier ebenerdig in den Dom.

20 Blick in das Mittelschiff vom Chor aus, 1889

23 Blick in das Langhaus nach Westen, 1889

Man blickt durch die Vierung in das Mittelschiff des Langhauses hinein. Das schon im Fassadenplan »F« vorgesehene Westfenster befindet sich an der Stelle, die im Straßburger Münster und in vielen französischen Kathedralen von einer großen Fensterrose eingenommen wird. Das sechsbahnige, 22 Meter hohe Westfenster ist mit doppeltem Maßwerk ausgestattet, wobei das innere Maßwerk die Verglasung trägt. Geschaffen wurden die Glasgemälde von dem Lübecker Maler Julius Milde und 1877 eingesetzt. In Abmessung und Gliederung sind die Mittelschiffe im Langhaus und im Querhaus sowie im Chor gleich. Ihre Breite beträgt 12,50 Meter, ihre Höhe 43,35 Meter, der Pfeilerabstand etwa 7,50 Meter. Die Wandgliederung des Hochchores zeigt, dass die Dienste vom Boden bis zu den Gewölbekapitellen durchlaufen. Die vierbahnigen Obergadenfenster scheinen aus den Triforien herauszuwachsen, so dass sie mit diesen zusammen wie eine Einheit wirken. Die Sohlbank des Triforiums liegt 19,75 Meter hoch; der etwa ein Meter breite Laufgang ist nach außen verglast und hat nach innen ein offenes steinernes Maßwerk.

21 Südturm und Strebewerk von Südosten, 1889

Der Blick fällt in Höhe des dritten Geschosses auf die Ostseite des Südturms, von dem bis zum Jahre 1410 die beiden unteren Geschosse errichtet worden waren. Dass die Türme vom dritten Geschoss an ins Achteck übergeleitet werden, ist kaum merklich im dritten, aber schon gut erkennbar im vierten Geschoss. Die Übergänge werden überspielt durch die hohen Fialentürme der sich deutlich verjüngenden Hauptstrebepfeiler. Gut zu sehen ist auch, wie der Wimperg des großen östlichen Fensters das horizontale Gesims überschneidet und mit seiner Kreuzblume in das Fenster des vierten Geschosses hineinragt. Im Vordergrund rechts ein Teil des Strebewerks der Langhaus-Südseite vor dem Steildach des Mittelschiffs. Strebewerk und Obergadenwand wurden 1848–63 errichtet.

22 Vierung mit Chor und südlichem Querhaus, 1900

24 Blick in das südliche Querhaus, 1889

Die beiden an den Hochchor anschließenden Fenster der Obergaden-Ostwand stammen noch aus dem 13. Jahrhundert, ebenso das östliche Seitenschiff. Das westliche Seitenschiff des südlichen Querhauses wurde wie dieses selber erst im 19. Jahrhundert errichtet. Die Südwand des Querhauses zeigt innen (durch einen Vierungspfeiler zu zwei Drittel verdeckt) ein großes, in die Wand eingetieftes Maßwerkfeld, eine bemerkenswerte künstlerische Leistung der Neugotik, entworfen von Ernst Friedrich Zwirner und vollendet 1848. Ausgehend von dem sechsbahnigen Hauptfenster weist das hochrechteckige Schmuckfeld sechs hohe Nischen auf. Die von Peter Fuchs 1870 geschaffenen zwölf Skulpturen stehen in zwei Reihen übereinander, unten Heilige, oben Engel. Wie die beiden auf der Abbildung zu sehenden Nischen erkennen lassen, wird dabei der reiche gotische Baldachin der unteren Figur jeweils durch die obere kleinere Figur bekrönt.

25 Ansicht der südlichen Querhausfassade, 1889

Für die Querhausfassaden gab es keine mittelalterlichen Entwürfe. Die Südfassade des Domes, entworfen 1833–42 von Ernst Friedrich Zwirner, gilt als eines der bedeutendsten Werke der Neugotik überhaupt, als die Verwirklichung einer großartigen gotischen Idee in klassizistischer Klarheit. Errichtet wurde dieser Bauteil mit dem großen Hauptfenster und dem hohen Giebel, dem seitlichen Strebewerk und der unteren Portalzone zwischen 1842 und 1855. Die Plastik der drei Portale wurde nach Entwürfen von Ludwig Schwanthaler (1847) durch Christian Mohr ausgeführt (1851–69). Während der Wimperg des Hauptportals mit Skulpturen gefüllt ist, zeigen die Wimperge der Seitenportale – wie an der Nordfassade – Maßwerk mit dem Dreistrahlmotiv. Die mit 40 Metern enorme Breite der Querhausfassaden bewirkt, dass sich die wahre Erstreckung von Langhaus und Chor dem Außenanblick nicht mitteilt.

26 Strebewerk über den südlichen Seitenschiffen, 1889
27 Langhaus und westliches Portal der Südfassade, 1889
Dort wo das Innere des Domes fünfschiffig ist, muss das Strebewerk zwei Seitenschiffe überbrücken, um die hohen Wände des Mittelschiffs zu stützen. Die beiden Aufnahmen zeigen das Strebewerk über den bleigedeckten Querdächern der Seitenschiffe. Von den Strebepfeilern, die aus dem Dach herausragen, führen jeweils zwei übereinander liegende Strebebögen zu den Wandstrebepfeilern des Obergadens sowie zu den entsprechenden Strebepfeilern der äußeren Seitenschiffe. Die Nahaufnahme zeigt bei dem Pfeiler im Vordergrund den unteren Schaft der aufsitzenden Fiale, deren Gewicht den Schub von Dach- und Gewölbelast zusätzlich auffangen soll. Als Schmuckmotiv haben die Bögen durchbrochene Vierpassgitter und Krabben auf den oberen Schrägen. Vollendet wurde das Strebewerk am Langhaus 1863. Links vom westlichen Seitenportal, vor dem schmucklosen Eckpfeiler der Südfassade, ist die Stelle, an der am 4. September 1842 der Grundstein zum Weiterbau der gotischen Kathedrale gelegt worden war.

28 Blick in das Gewölbe des Hochchores, 1889
29 Blick durch das Langhaus zum Chor, 1889
Der Blick in das Gewölbe und auf die 15 Fenster des Obergadens macht das einzigartige Streben nach Höhe deutlich, das diesen Dom von anderen gotischen Kathedralen unterscheidet. Die Weihe des Chores erfolgte am 27. September 1322, doch muss der Chor bis 1304 vollendet gewesen sein, da spätestens in jenem Jahre eine 60 Meter hohe Trennwand zwischen den beiden östlichen Vierungspfeilern errichtet wurde. Das Mittelfenster des Chorhauptes ist als einziges von allen Obergaden-Fenstern durchgehend von unten nach oben mit figürlichen Bildern geschmückt. In den unteren Feldern ist die Anbetung der Heiligen Drei Könige dargestellt. An den Arkadenpfeilern im Mittelschiff des Langhauses stehen auf Konsolen Heiligenfiguren, unter Baldachinen mit hohen Fialenaufsätzen, geschaffen von Dombildhauer Peter Fuchs. Die Vereinigung von Chor und Langhaus fand am 12. September 1863 statt, als man den letzten Stein der Trennwand beseitigte.

30 Blick in den Hochchor nach Süden, 1889
31 Blick in den Hochchor nach Südosten, 1889
Im Hochchor des Domes spiegelt sich die Lichtsymbolik der gotischen Sakralarchitektur. Alle Schönheit der sichtbaren Welt, so glaubte man im Mittelalter, sei ein Abglanz der göttlichen Schönheit, die sich im Licht offenbare. Thomas von Aquin meinte, die Schönheit erfordere vor allem lichte Klarheit und das rechte Maßverhältnis. In den Kathedralen des 12. und 13. Jahrhunderts findet die theologische Bedeutung des Lichts ihren architektonischen Ausdruck. Die Auflösung der Außenwände durch große farbige Glasfenster lässt das Sonnenlicht in das Gotteshaus hineinfallen. Die großen Obergadenfenster, die um 1300 entstanden, zeigen im unteren Drittel 48 Königsgestalten (die 24 Ältesten der Apokalypse und die 24 Könige von Juda). Das ornamentale Muster über der farbigen Figurenzone korrespondiert mit der Verglasung des Triforiums, die jeweils das obere Muster wiederholt. Darunter, in den Arkadenzwickeln, sieht man Engelfiguren, ausgeführt in Frescotechnik 1843–45 im »nazarenischen Stil« durch den Maler Edward von Steinle. Dargestellt ist in einem ganzen Zyklus der hierarchisch gegliederte Hofstaat Gottes, beginnend mit den einfachen Engeln an den Vierungspfeilern und endend mit den Seraphim in den drei mittleren Arkadenfeldern des Chorhauptes. Die Aufnahme mit Blick nach Süden zeigt in den Zwickeln der ersten nach innen abknickenden Arkade zwei »Throne«, vierflügelige Engel, zwischen denen sich ein Sitzthron mit neugotischem Maßwerk befindet. Links davon, in den Zwickeln der deutlich schmäleren Arkade, sieht man zwei Cherubim, körperlose Flügelwesen mit menschlichem Gesicht, ausgestattet mit sechs zum Teil gekreuzten Flügeln. Seraphim, Cherubim und Throne bilden die ranghöchste Triade. Es sind die Engel, die anbetend direkt um Gottes Thron stehen und die das vom Schöpfer ausgehende Urlicht unmittelbar empfangen. Als man im 19. Jahrhundert den Chor restaurierte, kamen in den Arkadenzwickeln mittelalterliche Malereifragmente zum Vorschein, Engel mit Musikinstrumenten und Weihrauchfässern, die im 18. Jahrhundert übertüncht worden waren. Bemühungen, die wiederentdeckten Malereien vollständig freizulegen und wiederherzustellen, hatten keinen Erfolg.

33 Blick aus dem Chorumgang nach Westen, 1889
Im Zuge der Barockisierung des Innenraums wurden die mittelalterlichen Chorschranken mit ihrem reichen Skulpturenschmuck sowie das hohe spätgotische Sakramentshaus beseitigt. Der im Jahre 1770 aufgestellte spätbarock-frühklassizistische Hochaltar blieb bis 1895 an seinem ursprünglichen Ort. Das schmiedeeiserne Chorgitter, das die steinernen Maßwerkschranken ersetzt, wurde 1769 geschaffen. Zwischen den beiden rechten Umgangspfeilern des Binnenchores erkennt man den Baldachin des neugotischen Bischofsthrons. An der Außenseite des Umgangs befinden sich die sieben Chorkapellen, die ab 1265 liturgisch genutzt wurden.

34 Ostansicht mit Querhaus und Westtürmen, 1889
Der Hochchor des Kölner Domes liegt erst seit 1817 frei, nachdem die im 11. Jahrhundert erbaute Stiftskirche St. Maria *ad gradus* (zu den Stufen) abgebrochen worden war. Der axiale Blick von Osten lässt auch die mit 86 Metern enorme Breite des Querhauses deutlich werden. Rechts vom Chor erkennt man den Sakristeianbau von 1866, und direkt vor dem Sockel-

wirrend. Im Vordergrund fällt zunächst die in der Achse der Südkonche liegende südliche Vorhalle ins Auge. Nachdem schon 1832 die nördliche Vorhalle abgebrochen worden war, erfolgte 1859 der Abbruch der südlichen romanischen Vorhalle, die dann 1834 und 1868 rekonstruiert wurden. Rechts neben der Vorhalle, etwas zurückgesetzt, das Haus des Singmeisters der Kirche (»Singemeisterhäuschen«) mit östlichem kleinen Anbau. Schräg dahinter erblickt man die Hardenrathkapelle mit ihrem Glockentürmchen. Hinter dem Umgang der Ostkonche ist der Turm der 1824 abgebrochenen Pfarrkirche Klein St. Martin zu sehen. Der Turm diente seit 1637 der Marienkirche als Glockenturm, nachdem kurz zuvor der Mittelturm des Westwerks der Marienkirche eingestürzt war. Der Wiederaufbau dieses Turms erfolgte bis 1654 lediglich bis zur Traufhöhe des Mittelschiffs. 1780 wurden die baufällig gewordenen Flankentürme bis zur Dachhöhe abgetragen. Über dem spitzen Satteldach des dreigeschossigen Pfarrhauses (links im Bild) sieht man das oberste Geschoss des südlichen Flankenturms, der den reduzierten Mittelturm verdeckt. Das Fehlen des einst hoch aufragenden Westwerks und die erneute Umgestaltung des Außenbaus mit dem durchlaufenden Hauptdach und den niedriger ansetzenden Dächern der Querkonchen bewirken, dass die Längsachse des Bauwerks überbetont ist. Ein »wirklich würdiger Wiederaufbau« des einst hochragenden Westwerks mit seinen drei Türmen unterblieb.

52 Die Westwand mit dem Lettner, 1889
Um einen freien axialen Blick von Westen bis zum Altar in der Ostkonche zu ermöglichen, wurde 1765–67 der zwischen den westlichen Vierungspfeilern stehende Lettner (der Klerikerchor und Laienraum voneinander trennt) abgebrochen, eine Maßnahme im Rahmen der barockisierenden Umgestaltung des Kirchenraums. Die westliche Schauseite des Lettners wurde danach vor der Westwand des Langhauses aufgestellt, die östliche wurde geteilt und »so gut es sich thun liess« zu Beginn des 19. Jahrhunderts seitlich den westlichen Langhauspfeilern vorgeblendet. Der aus hellem und dunklem Stein bestehende Renaissance-Lettner war 1517–23 in Mecheln gearbeitet und 1525 in der Kirche aufgestellt worden. Das Bildprogramm bezieht sich auf Szenen des Alten und Neuen Testaments. Über dem linken Medaillon erkennt man zum Beispiel die Geburtsszene im Stall zu Bethlehem. Die Turmempore öffnet sich zum Mittelschiff in einer dreibogigen Arkade, überspannt von einem breiten Bogen mit zwei schlanken Säulchen in der Achse der Arkadensäulen darunter. Die Orgel mit historisierendem Prospekt wurde 1870 aufgestellt. Die durch den Lettner begrenzte vordere Empore bietet Platz für den Kirchenchor.

53 Blick durch das Mittelschiff nach Osten, 1889
Das Mittelschiff der Kirche hatte im 13. Jahrhundert sechsteilige Gewölbejoche bekommen. Auffallend sind die wandbreiten Pfeiler des Langhauses mit sieben Arkaden auf jeder Seite. Die historistische Ausmalung der Chorapsis erfolgte ab 1866, die des Gewölbes 1866–71, ausgeführt durch Matthias Göbbels nach Entwürfen von August Essenwein. Im Gewölbescheitel ist – durchlaufend von West nach Ost – nach dem Traum Jakobs die Himmelsleiter dargestellt, »daran die Engel auf- und niedersteigen«. Die Abbildung lässt im letzten Joch vor der Vierung einen Teil der Leiter erkennen, mit einem weiß gewandeten Engel, der auf der untersten Sprosse steht. In den Medaillons des Rankenwerks sieht man alttestamentarische Propheten mit Schriftbändern. Der in die Apsis hineingestellte Altar wurde 1878–82 geschaffen, eine torbogenartige Architektur auf vier Säulen, darunter das Tabernakel und der Altartisch. Über dem Altar, zwischen den beiden östlichen Pfeilern der Vierung, erblickt man die auf einem Holzbalken stehende Triumphkreuzgruppe, gearbeitet 1873. Rechts im Bild ist die am vorletzten Pfeiler der Südseite aufgestellte Kanzel von 1875 zu sehen. Schräg gegenüber, vor dem nordwestlichen Vierungspfeiler, erkennt man unter einem neugotischen Baldachin die Limburger Madonna, eine um 1300 entstandene Holzfigur, die erst 1879 in die Kirche gelangte.

ST. GEREON

56 Blick auf das Bauwerk von Süden, 1889
59 Dekagon und Vorhalle von Nordwesten, 1889
Beherrscht wird die vielgliedrige Baugruppe durch den spätantiken Gründungsbau von St. Gereon, der im 13. Jahrhundert völlig erneuert wurde. Aus dem ovalen Zentralbau wurde das Dekagon, ein Zehneckbau, bis zum Gewölbe 34 Meter hoch, in der Längsrichtung 21 Meter messend. Die acht ursprünglichen Konchen sind fast ganz ummantelt. Über dem flachen Pultdach der zweizonige Obergaden mit breiten Rundbogenöffnungen und darüber, im vierten Geschoss, hohe Spitzbogenblenden. In diesen sitzen jeweils zwei Lanzettfenster; nur die beiden nach Westen und Osten gerichteten Fenster haben je drei Lanzetten. Das oberste Geschoss ist durch Plattenfries und Zwerggalerie gegliedert, darüber befinden sich Spitzbogenfries und Traufgesims. Gestützt wird der Bau durch schlanke Strebepfeiler mit einfachen kurzen Bögen. Die beiden Treppentürme stehen in den Winkeln zwischen Dekagon und Vorhalle. Diese zeigt im Erdgeschoss drei vermauerte Spitzbogenportale, in die man Fächerfenster hineingesetzt hat. Den beiden unteren Geschossen des Dekagons ist die Taufkapelle vorgesetzt, erbaut um 1242–45, mit kleiner flachgerundeter Apsis nach Osten. Der unregelmäßige Grundriss ist durch einen hier schräg verlaufenden gedeckten Gang zu erklären, welcher ebenso wie der im Westen liegende Kreuzgang nach 1821 abgebrochen wurde. Noch zu erkennen ist das sich in der rechten Seite der Südwand befindende vermauerte Portal, das einst von der Taufkapelle in den Gang führte. Mehr zurückliegend, vor dem westlichen Teil des Langchors, sieht man die 1315–19 errichtete Sakristei mit

einem Türmchen an der Südwestecke. Rechts neben dem Sakristeivorbau erkennt man ein spätgotisches Maßwerkfenster, das in die Wand des mittleren Jochs gebrochen wurde. Der östliche Teil des Langchors wird von den beiden Flankentürmen aufgenommen.

57 Blick in den Langchor nach Osten, 1889
Die Aufnahme zeigt den Zustand der Kirche im Jahre 1889, als die Neugestaltung des Langchores noch nicht begonnen hat, die Vorbereitung dazu aber schon weit fortgeschritten ist. Das gotische Chorgestühl ist zum Zwecke der Restaurierung und Ergänzung bereits entfernt. Die Neugestaltung von Chor und Apsis war 1899 beendet. Der gesamte Langchor und die halbrunde Apsis wurden über der dreischiffigen Krypta errichtet. Von den drei quadratischen Gewölbejochen des Chores stammt das östliche Joch noch aus dem 12. Jahrhundert; es ist von den beiden westlichen Jochen durch einen halbrunden Gurtbogen getrennt. An den Wänden unterhalb der Fenster sieht man kunstvoll geschnitzte Gehäuse mit gedrechselten Säulen, prunkvollem Rankenwerk und figürlichen Skulpturen. Es handelt sich um Reliquienschränke zur Aufbewahrung der Schädel von Märtyrern und Heiligen, hergestellt 1686–88 von dem Kölner Bildhauer Hermann Kessel. Unterhalb der Reliquiare hängen französische Wandteppiche, gearbeitet 1765 in Aubusson. Dargestellt sind in sechs Bildern Szenen aus der Josephsgeschichte des Alten Testaments.

58 Vorhalle mit Eingangsportal zum Dekagon, 1889
Die vor der Westseite des Dekagons liegende Vorhalle besteht seit dem 15. Jahrhundert aus zwei querrechteckigen Jochen mit Kreuzrippengewölbe. Nach dem Abbruch des Kreuzgangs fand 1821–23 eine gründliche Erneuerung des Vorbaus statt. In dem Joch direkt vor dem Dekagon fällt der Blick zuerst auf das Portal, das in der Neubauphase 1219–27 entstand. Über dem leicht giebelförmigen Türsturz sieht man einen dekorativ gestalteten Spitzbogen und ein Tympanongemälde in verblassten Farben. Dieses zeigt in der Mitte Christus, die Rechte segnend erhoben, in der Linken ein geöffnetes Buch; links neben Christus der hl. Gereon, rechts die hl. Helena. Im Bild links ist das monumentale Grabdenkmal der beiden Grafen von Königsegg nicht zu übersehen, aus schwarzem Marmor und über vier Meter hoch. In barocker Umrahmung sind auf der Tafel die Ahnenwappen der Verstorbenen abgebildet. Bemerkenswert sind auch die beiden steinernen Löwen aus romanischer Zeit, die wahrscheinlich erst nachträglich an diese Stelle gesetzt wurden. Der rechte Löwe hält ein Lamm in seinen Klauen.

60 Blick in die Krypta nach Osten, 1889
Das mit einem Blumen- und Rankenmuster geschmückte Gewölbe wird im hinteren Teil der dreischiffigen Krypta von vier Säulenpaaren getragen, wobei die Kreuzgratgewölbe durch Gurtbögen voneinander getrennt sind. Die beiden dunkleren Säulen mit Fischgrätenmuster vor der Bodenstufe gehören noch zum westlichen älteren Teil der Krypta (11. Jahrhundert); der sich anschließende jüngere Teil (12. Jahrhundert) mündet in eine Apsis mit dem dort aufgestellten Kreuzigungsaltar, um 1540. Beachtenswert sind auch die Fußbodenmosaiken, ursprünglich für den Chor der Kirche bestimmt und später in der Krypta verlegt. 1869–71 wurden die Stücke restauriert, ergänzt und neu verlegt. In zwölf Bodenfeldern zeigen die Mosaiken (rekonstruierte) Szenen aus den Geschichten um David und Samson, außerdem kleinere Felder mit Tierkreiszeichen.

61 Blick auf Ostapsis und Flankentürme, 1889
In der Zeit von 1861 bis 1885 wurde in einzelnen Schritten der gesamte Außenbau wiederhergestellt. Die beiden siebengeschossigen Türme, der spitze Giebel zwischen diesen und die Apsis, deren Gliederung auf die Türme übergreift, stellen zusammen die östliche Schauseite von St. Gereon dar. Die oberen Geschosse der Türme sind besonders stark gegliedert. Auffallend, dass jedes Geschoss gegen das jeweils untere deutlich eingerückt ist und in seiner Höhe nach oben zunimmt. Abgeschlossen wird jede Turmseite durch zwei kleine Dreieckgiebel, über die sich ein niedriges Faltdach legt. Der Giebel zwischen den Türmen zeigt eine Zwerggalerie mit Säulchen und Pfeilern, darüber drei halbrunde Nischen. Die in der Architektursprache des 12. Jahrhunderts gegliederte Apsis weist über einem mehrfach gestuften Sockel zunächst das Kryptageschoss auf, darüber sieben Blendarkaden mit Halbsäulen. Im unteren Mauerwerk zu erkennen sind die merkwürdig gestuften Rundbogenfriese in den Bogenfeldern. Die obere Arkadenreihe besitzt drei tief in die Wand geschnittene Fenster, die durch Bögen und Säulen noch zusätzlich gerahmt sind. Abgeschlossen wird die Apsis durch Plattenfries und Zwerggalerie sowie ein ausladendes Traufgesims. Das Kegeldach reicht bis an die mittleren, etwas höheren Bögen der Giebelgalerie heran.

ST. SEVERIN

64 Ansicht des Bauwerks von Südosten, 1900
Langhaus und Chor, im Außenbau deutlich voneinander unterscheidbar, weichen von der West-Ost-Richtung um ca. 20 Grad nach Norden ab. Charakteristisch für St. Severin sind der hohe Westturm mit achtseitigem Knickhelm und die beiden schlanken Chorflankentürme. Dem Langchor südlich vorgebaut ist die seit dem 19. Jahrhundert als Pfarrsakristei dienende dreijochige Margarethenkapelle, die in ihrer Gestalt weitgehend in einem vor 1411 erfolgten Umbau erhalten ist. Der zweigeschossige Bau, mit Untergeschoss für die Krypta, zeigt im Obergeschoss dreibahnige Maßwerkfenster, im Untergeschoss flache Rundbogenfenster mit Lanzettbögen. Die Außengliederung lässt außerdem abgetreppte Strebepfeiler und Kaffgesimse zwischen den beiden Geschossen erkennen. Links neben der

Margarethenkapelle sieht man den südlichen Kreuzarm mit Lisenen und Rundbogenblenden. Der Dachreiter über der Vierung stammt aus der Restaurierungsphase 1879–81.

65 Blick durch das Mittelschiff nach Osten, 1889
66 Blick durch das Mittelschiff nach Westen, 1889
Das 1883–87 restaurierte Langhaus zeigt im Mittelschiff und in den Seitenschiffen dreiteilige Maßwerkfenster. Die Wände des Mittelschiffs haben in der unteren Zone profilierte Spitzbogenarkaden über Rundpfeilern mit Diensten; die Sohlbänke der Obergadenfenster sind als geschosstrennende Gesimse ausgebildet. Das vierjochige Mittelschiff ist mit einem rautenförmigen Netzgewölbe zwischen spitzbogigen Gurten versehen. In der Vierung, in der noch die barocke Treppenanlage zu sehen ist, stehen zwei lebensgroße steinerne Figuren, den hl. Bruno den Kartäuser und die hl. Barbara darstellend, um 1740. In der Rückenansicht sind die Attribute der Heiligen zu erkennen: Bruno trägt in der linken Hand einen Totenkopf, Barbara hält in der Rechten einen Turm. Vom ehemals barocken Hochaltar ist nur der Unterbau mit ein paar Heiligenfiguren übrig geblieben. Nach Westen fällt der Blick auf die 1750 eingebaute Orgelbühne mit barockem Gehäuse und das Maßwerkfenster des Turmuntergeschosses. Die neugotische Kanzel mit mehrstufigem Schalldeckel wurde 1840 aufgestellt.

67 Westturm und Chorflankentürme von Osten, 1900
Der spätromanische Chor besteht aus zwei Gewölbejochen und einer innen halbrunden, außen fünfseitig gebrochenen Apsis. Diese zeigt im Untergeschoss Rundbogenfriese und Sechspassfenster, im Obergeschoss Rundbogenfenster unter hohen Blendbögen, darüber eine Zwerggalerie, die in vierteiligen Bogengruppen geöffnet ist. Über den zwei romanischen Untergeschossen der Flankentürme erheben sich gotische Obergeschosse mit leicht vorkragendem Fries aus Dreipassblenden und abschließender Maßwerkbrüstung. Der zweigeschossige spätgotische Westturm ist im Obergeschoss durch spitzbogige Maßwerkblenden gegliedert. An der Südseite des Turms ragt ein schlanker polygonaler Treppenturm nach außen.

ST. GEORG

70 Südansicht mit zweigeschossiger Vorhalle, 1889
Die Aufnahme zeigt das Langhaus mit dem südlichen Seitenschiff und das Portal der zweigeschossigen, ursprünglich offenen Vorhalle. Diese wurde 1536 vor dem Südeingang errichtet, wobei romanische und gotische Formen mit einer Renaissancearchitektur verbunden wurden. Das obere Geschoss wird von einem mit Ringen besetzten Rundstab umschlossen, als Rahmen für eine Darstellung des Gekreuzigten dienend. Darüber ein halbe Rosette mit neun radial angeordneten Blättern. Das Langhaus lässt den im Kern erhaltenen Gründungsbau ebenso erkennen wie spätere Veränderungen, zum Beispiel den Verlust der Querarme im 18. Jahrhundert. Die Fenster der Seitenschiffe verweisen auf den ursprünglichen Bau, die paarweise angeordneten Fenster des Obergadens auf die Einwölbung des Mittelschiffs im 12. Jahrhundert.

71 Blick aus dem Mittelschiff nach Osten, 1889
Das Langhaus von St. Georg weicht von der West-Ost-Richtung leicht nach Norden ab. Das Mittelschiff hat zwei quadratische Gewölbejoche, von denen das östliche Joch im Bild zu sehen ist. Die Arkadenbögen in Kölns einziger Säulenbasilika werden von Säulen mit Würfelkapitellen getragen. Im Bild links sieht man eine Säule aus hellem Sandstein, während die anderen sieben Säulen eine rötliche Färbung haben. An das östliche Gewölbejoch schließen sich die Vierung und der quadratische Chor an. In der Apsis steht der 1839 geschaffene Hochaltar, ein sechseckiger offener Baldachin mit einem Kranz kleiner Giebel, daneben zwei adorierende Engelfiguren. Hinter dem Altar erkennt man das dreibahnige Scheitelfenster der Apsis. Zur übrigen Ausstattung gehören unter anderem die Kommunionbank mit Balustergitter, das Triumphkreuz und Konsolfiguren an den Pfeilern sowie die barocken Kirchenbänke. Vor dem nordwestlichen Vierungspfeiler sieht man die schlichte Kanzel, deren Schalldeckel mit von Strahlen umgebenen Gesetzestafeln geschmückt ist.

72 Blick in die fünfschiffige Krypta, 1889
Die Krypta befindet sich unter den drei Schiffen des erhöhten Chores. Es handelt sich um eine fünfschiffige, dreijochige Hallenkrypta aus dem 11. Jahrhundert. Die Aufnahme zeigt die einfachen Kreuzgratgewölbe der drei mittleren Schiffe unter Hauptchor und Apsis. Die kantigen Gurtbögen ruhen auf Säulen mit attischen Basen. Die sich leicht verjüngenden Säulenschäfte tragen Würfelkapitelle mit kräftigen Deckplatten. Von den beiden Seitenkapellen ist der Raum durch kräftige Pfeilerarkaden getrennt.

73 Der Westbau mit Taufstein und Orgel, 1889
Der monumentale Westchor wurde um 1180 erbaut, über quadratischem Grundriss mit vier Meter dicken Außenwänden, ein Zentralraum mit mächtiger, auf Eckpfeilern ruhender Hängekuppel. Vor dem tiefer liegenden Langhaus erhebt sich ein nach Westen fünffach gestufter Bogen. Der innere Gurt ruht auf Halbsäulen mit Würfelkapitellen. Die Wände sind in zwei Geschosse und durch Pilaster in drei Achsen gegliedert, die Nischen des Untergeschosses durch schlanke dunkle Säulen mit reich verzierten Kapitellen eingefasst. In der mittleren Nische der Nordwand steht die barocke Holzfigur des hl. Petrus, darüber eine hohe Rundbogenöffnung mit davor gelegtem Laufgang. In der Mitte des Raumes sieht man einen spätromanischen Taufstein, um 1240. Die barocke Orgel an der Westwand stammt aus dem Jahre 1787.

ST. PANTALEON

76 Ansicht des Bauwerks von Westen, 1889
Die Aufnahme bietet einen ungewohnten Anblick des fast ruinösen Kirchenbaus. Von dem einzigartigen Westwerk mit den hohen Flankentürmen und der Vorhalle mit ihrer breiten Bogenöffnung ist nichts zu sehen. 1889, ein Jahr vor Beginn der umfassenden Wiederherstellung des Außenbaus, steht von den beiden Flankentürmen jeweils nur der untere viereckige Teil. Die zwischen den Türmen vorgezogene Vorhalle fehlt ganz, ebenso – im Bild nicht mehr sichtbar – die barocke Bekrönung des Hauptturms. Der sich an den Turm anschließende südliche Flügelbau ähnelt mehr einem Wohnhaus: anstatt Giebel und Satteldach ein Pultdach mit Giebelgauben und Schornsteinen. Die Wiederaufbau- und Restaurierungsarbeiten am Westbau dauerten von Mitte 1890 bis Ende 1892.

77 Innenansicht des Kapitelsaals, 1889
An der Nordseite der Kirche befand sich bis zu seinem fast völligen Abbruch 1820 der spätromanische Kreuzgang. Über zwei (erhaltenen) Jochen des Südflügels wurde im 13. Jahrhundert ein rechteckiger Aufbau errichtet, der durch eine doppelbogige Arkade (im Bild nicht sichtbar) in einen Hauptraum und einen schmalen Vorraum geteilt wird. Der Blick fällt – nach Südwesten – in den annähernd quadratischen Hauptraum (6,90 x 6,25 Meter), ein Zentralbau, der durch ein neunteiliges Kuppelgewölbe geschlossen ist. Auffallend die Unregelmäßigkeit aller Bauteile, wobei den Wulstrippen keine statische Bedeutung zukommt, und bemerkenswert auch die architektonische Überleitung vom Rechteck der unteren Wandzone zur aufgemauerten Hängekuppel, in deren Scheitel die neun Rippen sternförmig zusammentreffen. Ob das dem südlichen Kreuzgangflügel aufgesetzte Obergeschoss jemals als Kapitelsaal genutzt wurde, ist durchaus zweifelhaft; denkbar ist auch, dass der Raum schon seit dem 13. Jahrhundert als eine Art Schatzkammer diente, zur Aufbewahrung von Heiltümern. (Immerhin wird schon im Jahre 1208 vom Erwerb einer Schädelreliquie des hl. Pantaleon berichtet.) Ungeklärt ist auch der ursprüngliche Zugang von der Kirche sowohl in den Kreuzgang als auch zum Kapitelsaal im Obergeschoss.

78 Blick aus der Chorapsis nach Westen, 1889
79 Gotischer Lettner und barocker Orgelprospekt, 1889
Die Aufnahmen zeigen die Kirche während der umfassenden Restaurierung des Innenraums 1888–92. Von 1819 bis 1918 diente der Bau als evangelische Garnisonskirche. Zu erkennen ist das unter anderem an den zur Kanzel hin orientierten Sitzbänken. Im Vordergrund, mit dem Rücken zum Betrachter, befindet sich eine barocke Tumba mit der Liegefigur des Klostergründers Erzbischof Bruno. Der 1652 geschaffene barocke Orgelprospekt ist seit 1696 mit dem spätgotischen Lettner verbunden, als dieser an das Westende des Mittelschiffs versetzt wurde. Die Vorderfront des um 1503 geschaffenen Lettners ist von reichem Maßwerk überzogen. In der Mitte, zwischen den seitlichen Kielbögen mit Wimpergen, ein flacher Korbbogen. Über diesem, vor der durchbrochenen Brüstung, sieht man unter hohen Baldachinen Maria mit dem Kind sowie mehrere Heiligenfiguren. Der hl. Pantaleon (rechts unterhalb der Gottesmutter), der als junger Mann in der Medizinkunst ausgebildet wurde, hält mit der linken Hand eine Arzneibüchse.

80 Blick auf den Ostteil der Kirche von Süden, 1889
81 Das Langhaus mit Blick zum Hochaltar, 1889
Von der üblichen Ausrichtung des Chores nach Osten weicht St. Pantaleon um mehr als 30 Grad nach Süden ab. Der südliche Querarm zeigt anstelle des späteren Giebels mit Satteldach einen Halbwalm und lässt im rohen Mauerwerk gestaffelte Rundbogenfenster erkennen. An der Ostecke des Querarms befindet sich ein älterer Strebepfeiler, links neben diesem ein jüngerer Stützpfeiler mit starker Abschrägung. An das Querhaus schließt sich eine Nebenapsis mit hohen Rundbogenfenstern an. Die polygonal gebrochene Chorapsis schmücken gotisierende Maßwerkfenster. Die drei Hauptfenster sind in ihrer oberen Hälfte mit Glasmalereien versehen, die 1622 ausgeführt wurden. Der prunkvolle barocke Hochaltar aus Stuckmarmor stammt aus dem Jahre 1749, die Kanzel mit ihrem kunstvoll gestalteten Schalldeckel aus dem Jahre 1750. Die barocken Figuren zwischen den Arkaden stellen die Apostel dar, wobei die Stelle für den zwölften von der Kanzel eingenommen wird. So wie das Gotteshaus auf den gemauerten Pfeilern ruht, so sind die Apostel sinnbildlich die Pfeiler, auf denen die Kirche gegründet ist. Die Einwölbung von Mittelschiff und Chor erfolgte 1619–22. Über dem Obergaden wurde diese als Netzgewölbe mit Schlusssteinen ausgeführt. Die Nutzung der Kirche »für die in Köln und Deutz garnisonirenden Truppen« ist auch an den Gedenktafeln mit dem Eisernen Kreuz zu erkennen, eine 1813 während der Befreiungskriege gestiftete Kriegsauszeichnung. Auf den Tafeln sind die Namen der Männer verzeichnet, die für König und Vaterland den »Heldentod« starben.

ST. CÄCILIEN

84 Ansicht von Südosten mit barockem Dachreiter, 1889
Der Blick fällt auf das Langhaus, das Chorgeviert mit Walmdach und die Apsis. Diese zeigt über glattem hohen Sockelgeschoss eine siebenteilige Blendbogenstellung mit drei Rundbogenfenstern, darüber ein kräftiger Rundbogenfries und ein doppeltes Traufgesims. In der Mitte des Sockelgeschosses befindet sich ein kleines Rundfenster, dazu bestimmt, von Osten Licht auf den Altar zu leiten. Während das südliche Seitenschiff eine Apsis besitzt, schließt sich an das nördliche Seitenschiff eine nach 1483 erbaute zweijochige Sakristei an. Die beiden Strebepfeiler an den Kanten der östlichen Chorwand datieren

eine klare Gliederung: Rundbogenarkaden mit Haupt- und Zwischenpfeilern, jeweils in Zweiergruppen zusammengefasste Rundbögen des Blendtriforiums sowie hohe Rundbogenfenster im Obergaden. Die Ausmalung des Gewölbes erfolgte 1880–85. In den fünfziger Jahren des 19. Jahrhunderts hatte man mittelalterliche Wandmalereien freigelegt, welche in die Neuausmalung des Innenraums »eingebunden« wurden. Am mittleren Stützpfeiler links im Bild sieht man die neugotische Kanzel.

124 **Ansicht des Bauwerks von Südwesten, 1889**
Der Blick fällt auf das mächtige Westquerhaus, das – wie das Mittelschiff des Langhauses – im Inneren drei große quadratische Joche hat. Der Westturm war im Jahre 1830 eingestürzt, wobei die Vorhalle ganz und die Gewölbe von Querbau und Langhaus zum Teil zerstört wurden. Es war Karl Friedrich Schinkel, seit 1830 Leiter der Oberbaudeputation in Berlin, der darauf drang, dass – nach dem Vorbild der erhaltenen Giebelseite des südlichen Querhausarms – auch die Westfassade schmale hohe Spitzbogenfenster bekam. Die Wiederherstellungsarbeiten mit einer völligen Restaurierung des Außenbaus zogen sich bis 1860 hin. Die Wandflächen sind durch Gesimse in zwei Geschosse geteilt, oben und unten durch Lisenen und Rundbogenfriese zurückhaltend gegliedert. Im fensterlosen Untergeschoss der Westfassade befindet sich als Wandöffnung nur das spitzbogige Portal.

125 **Blick in das Mittelschiff vom Chor aus, 1889**
An das dreischiffige Langhaus schließt sich östlich ein querschiffartiger Bauteil an, bestehend aus Chorgeviert und Querarmen. An den westlichen Pfeilern des Chorjochs sieht man die beiden Sandsteinfiguren einer Verkündigungsgruppe, auf hohen Sockeln einander gegenüber aufgestellt, für die Kirche gestiftet im Jahre 1439. Am Nordpfeiler (im Bild rechts) der Erzengel Gabriel mit hochaufragenden Flügeln, ehrfürchtig leicht in die Knie sinkend. Auf der anderen Seite Maria, an ein Lesepult gelehnt, die rechte Hand an die Brust gedrückt; über ihr Gottvater mit der Taube des Heiligen Geistes. Im Hintergrund die 1780 erbaute Orgel mit neugotischem Gehäuse, aufgestellt auf einer Empore, die 1856–59 in das westliche mittlere Halbjoch des Westbaus eingefügt wurde.

126 **Chorapsis und Flankentürme von Osten, 1900**
127 **Blick von Westen in die Chorapsis, 1889**
Der axiale Blick von Osten zeigt eindrucksvoll die Geschlossenheit des Bauwerks und die Ausgewogenheit aller Bauteile. Die halbrunde Apsis ist zweigeschossig, mit jeweils elf hohen Bogenblenden, unten auf kämpferlosen Lisenen, oben auf schlanken Säulen, wobei die fünf großen Rundbogenfenster mit den gemauerten Blendfeldern alternieren. Darüber eine Zwerggalerie mit paarweise angeordneten Arkaden. Über dem Kegeldach der Apsis erkennt man den Ostgiebel mit fünf gestaffelten Muldennischen. Die beiden Türme werden im unteren Teil zur Hälfte von der Apsis verdeckt. Man kann erkennen, dass sich die Apsis beidseitig an die Türme anschmiegt. Auffallend sind auch die in deren Mauern geschnittenen Fensterschrägen im ersten Obergeschoss. Die Innenaufnahme lässt erkennen, dass die leicht zugespitzten Arkaden im Untergeschoss einen Umgang von geringer Tiefe bilden. Auch die oberen Säulen sind von der Mauer der Apsis etwas abgerückt, so dass Platz für einen schmalen Laufgang bleibt. Der Altartisch trägt einen baldachinförmigen Aufsatz für das Tabernakel, Restbestand eines barocken Hochaltars, der 1881 abgebrochen wurde.

Photographien: © Brandenburgisches Landesamt für Denkmalpflege und Archäologisches Landesmuseum

Dem J. P. Bachem Verlag danken wir für die freundliche Genehmigung zum Abdruck der Karte auf Seite 128 aus dem Band *Kleine illustrierte Geschichte der Stadt Köln*, 8. Auflage 1996, von Carl Dietmar und Werner Jung

Für die Grundrisse vgl. *Die Kunstdenkmäler der Rheinprovinz,* hg. von Paul Clemen, Bd. VI und Bd. VII, 1911 ff.

Lektorat: Bettina Hüllen, Berlin
Satz und Repro: Mega-Satz-Service, Berlin
Druck und Bindung: Rasch, Bramsche

Printed in Germany
ISBN 3-89479-258-2